野三坡中国经济论坛系列丛书

提升城市竞争力

—— 第三届野三坡中国经济论坛实录

中关村经纬产业研究院 / 主编

经济管理出版社

ECONOMY & MANAGEMENT PUBLISHING HOUSE

图书在版编目（CIP）数据

提升城市竞争力——第三届野三坡中国经济论坛实录/中关村经纬产业研究院主编. —北京：经济管理出版社，2019.1

ISBN 978 - 7 - 5096 - 6330 - 1

Ⅰ.①提… Ⅱ.①中… Ⅲ.①城市—竞争力—中国—文集 Ⅳ.①F299.2 - 53

中国版本图书馆 CIP 数据核字（2019）第 017124 号

组稿编辑：张巧梅
责任编辑：张巧梅
责任印制：黄章平
责任校对：董杉珊

出版发行：经济管理出版社
　　　　　（北京市海淀区北蜂窝 8 号中雅大厦 A 座 11 层　100038）
网　　址：www. E - mp. com. cn
电　　话：（010）51915602
印　　刷：北京晨旭印刷厂
经　　销：新华书店
开　　本：720mm×1000mm/16
印　　张：17.5
字　　数：221 千字
版　　次：2019 年 3 月第 1 版　　2019 年 3 月第 1 次印刷
书　　号：ISBN 978 - 7 - 5096 - 6330 - 1
定　　价：78.00 元

论坛名誉主席

吴敬琏，中欧国际工商学院宝钢经济学教席教授，"中国经济 50 人论坛"学术委员会委员，国务院发展研究中心研究员，《改革》《比较》《洪范评论》杂志的主编。曾经担任国务院发展研究中心常务干事，国务院经济体制改革方案办公室副主任，第八届全国政协委员，第九届、第十届全国政协常委兼经济委员会副主任，国家信息化专家咨询委员会副主任，国家规划专家委员会副主任，国务院深化医药卫生体制改革工作领导小组专家咨询委员会委员，第 25 届和 26 届（2002～2008 年）国际经济学会（International Economic Association，IEA）执行委员会委员，2011 年当选为国际经济学会（IEA）荣誉主席。

他曾获首届"中国经济学奖杰出贡献奖"（2005）。国际管理学会（IAM）"杰出成就奖"（2003）。连续五次获得中国"孙冶方经济科学奖"（1984～1992 年）。

论坛主席

　　刘世锦，野三坡中国经济论坛主席，国务院发展研究中心原副主任，全国政协财经委员会副主任，中国发展研究基金会副理事长。

　　曾多次获得全国性学术奖励，包括第四届孙冶方经济科学优秀论文奖、中国社会科学院优秀论文奖、中国发展研究一等奖等。

　　长期以来致力于经济理论和政策问题研究，主要涉及企业改革、经济制度变迁、宏观经济政策、产业发展与政策等领域。先后在《经济研究》《管理世界》《人民日报》《经济日报》《中国经济时报》等国内外刊物上发表学术论文及其他文章200余篇，独著、合著、主编学术著作10余部，撰写了一系列内部研究报告。

论坛执行主席

马誉峰，男，汉族，1959 年 4 月生，河北景县人，1982 年 7 月参加工作，1985 年 5 月加入中国共产党，新加坡南洋理工大学人文与社会科学院管理经济学专业毕业，在职研究生学历，理学硕士学位，副编审，第十二届全国人大代表。

1982 年 7 月～1989 年 2 月，河北财经学院任教

1989 年 2 月～2001 年 6 月，河北省委组织部工作

2001 年 7 月～2006 年 7 月，秦皇岛市委常委、组织部部长

2006 年 7 月～2009 年 11 月，秦皇岛市委常委、常务副市长

2009 年 11 月～2012 年 5 月，保定市委常委、常务副市长

2012 年 5 月～2013 年 1 月，保定市委副书记

2013 年 1 月～2016 年 10 月，保定市政府市长

2016 年 10 月～2017 年 4 月，保定市人大常委会党组书记

2017 年 4 月至今，保定市人大常委会主任、党组书记

中关村经纬产业研究院学术委员会

顾　问：吴敬琏，国务院发展研究中心研究员

陈清泰，国务院发展研究中心原党组书记、副主任

主　任：刘世锦，国务院发展研究中心原副主任，全国政协财经

委员会副主任，中国发展研究基金会副理事长

委　员（以姓氏拼音为序）：

爱德华·普雷斯科特，美国著名经济学家，

2004 年诺贝尔经济学奖获得者

芬恩·基德兰德，挪威著名经济学家，

2004 年诺贝尔经济学奖获得者

黄群慧，中国社会科学院工业经济研究所所长

贾　康，财政部财政科学研究所原所长

津上俊哉，日本著名经济学家

康振海，河北省社会科学院院长

刘胜军，中国金融改革研究院院长

刘守英，中国人民大学经济学院教授，博士生导师

刘太格，新加坡墨睿设计事务所创办董事长，

新加坡宜居城市中心咨询委员会首任主席

钱颖一，清华大学经济管理学院院长

史玉强，河北省资本研究会首席经济学家、
　　　　河北首席代表

宋晓梧，中国经济体制改革研究会会长

田国强，上海财经大学经济学院院长

托马斯·萨金特，美国著名经济学家，
　　　　2011年诺贝尔经济学奖获得者

王凤鸣，河北地质大学校长

王小鲁，中国体改研究会国民经济研究所副所长

韦　森，复旦大学经济学院副院长

魏加宁，国务院发展研究中心研究员

伍晓鹰，一桥大学经济学教授、美国世界大型企业
　　　　研究会高级顾问及中国中心经济研究部主任

谢禄生，河北省政府研究室主任、
　　　　河北省委省政府决策咨询委员会委员

许成钢，香港科技大学经济学教授

晏智杰，北京大学经济学院原院长

张思平，深圳市委原常委、副市长

周放生，中国企业改革与发展研究会副会长

丛书编委会

主　编：马国川　李炳亮

副主编：聂会文　张　墀　赵秀恒　赵学勤

研究基本问题，深化对城市化问题的认识[①]

吴敬琏

欢迎大家来参加我们野三坡中国经济论坛，相聚一堂，来讨论"提升城市竞争力"的问题。我在第一届论坛上说了三句话的寄语，我想把这三句话作为对这次论坛的寄语提出来，就是"开拓思想市场，研究基本问题，探寻中国发展的路径"。对于我们这些关心、支持、推动中国改革和发展的人们来说，这三句话里面，最重要的一句话就是"研究基本问题"。

因为中国经济社会处于转型时期，我们面临的问题非常的多，有很热烈的讨论，也有很多成果。但是往往流于现象层面的讨论，就事论事，对于基本问题、问题的本质缺乏透彻的理解，因此没有形成一些大家都能够认可的共识。因为基本问题没有弄清楚，也就不能从根本上解决问题。

就以我们这次论坛的主题"提升城市竞争力"来说，它包含的问题非常多，譬如农民工的市民化问题、城市化的资金来源问题、城市

---

① 本文是野三坡中国经济论坛名誉主席、国务院发展研究中心研究员吴敬琏先生 2018 年 9 月 15 日在"第三届野三坡中国经济论坛"上的开幕致辞。

公共服务均等化问题等。这些问题已经讨论了十几年了，但是对于基本问题没有进行深入的讨论，也没有形成共识。

譬如说，对城市的规模问题有很多讨论。有的人认为，城市规模应该越大越好；有的人认为，中国的"大城市病"已经很严重了，所以要发展小城镇。各执一词，言人人殊。这里牵涉到一个根本问题：到底城市化的功能是什么？这个问题没有进行深入的讨论。所以对于城市规模问题，就很难用一套经济学的共同语言来进行辩驳。

有些人认为，城市规模和城市竞争力、城市效率是正相关的。他们可以举出一些例子，把一些城市规模和效率做一个回归，证明了二者是正相关的。但是，就像我们经济学走过的道路一样，用回归来分析问题，发现两个变量之间是正相关的，并不能证明它们之间是因果关系。

十多年以来，在城市化的功能问题上，人们的看法不断地变动，至今也没有一个能够说服大家的解释。21世纪初期，城市热衷于大投资，出现了一些学者所批评的"造城大跃进"的现象。当时的说法，城市化是投资的主要来源。但是后来出现了一些消极现象，一些城市用海量投资搞"形象工程""政绩工程"、搞大城市铺摊子，等等。

于是，后来的说法变化了，说城市化的功能主要是扩大内需、拉动消费。2012年中国经济增长速度有所下降，但是2013年第一季度城市住房销售增长超过了60%，从而把经济增长速度拉上去了。于是就有人做了理论上的说明：农民进城以后需求增加，于是商品房的销售大幅度地提高，城市建设投资支撑了经济增长。

后来，经济学家发现这里面有一个概念上的误区。经济学所说的能够支撑增长的需求，是有购买力的需求，不是那种心理上的需求。农民进了城以后可能想住上和城市人一样的大房子，但是根本的问题在于他们收入有没有增长，有没有钱，否则这种心理需求并不能够变成经济意义上的实际需求。

到了 2013 年和 2014 年，流行的观点又变化了：城市化是工业化、现代化的自然结果，不能够靠城市化去推动工业化和现代化，因而不能人为地推动城市化加速。

在那个时候，我对这个问题也做了一些研究。我发现，我们这里对城市化功能的看法，跟国际上经济学家主流的看法有很大的差距。2007 年哈佛大学教授格莱泽写了一本书《城市的胜利》，对城市化功能做了一个很简明的界定：因为人们在城市里的聚集，使得他们能够进行思想交流，于是城市就成为创新的发动机。他从历史上讲起，古希腊时代，学者们在雅典的柏拉图学园里进行交流，发展出很多新思想；文艺复兴时代，画家们在意大利的一些城市里聚集，绘画技术有了很多的新发展。这本书给我很大的启发。

2010 年我们在做"十二五"预研究的时候，邀请了几位世界著名的经济学家，包括美国经济学家保罗·罗默（Paul M. Romer）。罗默到北京进行考察，在北大光华管理学院做了一次关于城市化的学术报告。他说，当人们在城市中聚集，人和人之间面对面交流，能够促进新思想的产生，所以城市化的功能就是产生新思想、新技术、新制度。他说，因为城市化有这样的功能，所以人们聚集的密度越大，效率就越高。

对这一点我不太同意，我跟他讨论的时候，就讲了我们在苏州的调查。苏州好不容易从西部地区引进了一些人才，几个月以后他们却跑到上海去了。苏州认为，因为上海是大城市，各种文化设施都比苏州强。其实，那时候苏州已经规模很大了，而且上海近在咫尺，可以很方便地享受上海文化。我们调查发现，问题不在规模上，技术人员说主要的问题是苏州信息闭塞，在这里待几年以后技术水平就赶不上时代了，而在上海技术水平可以不断地进步。所以苏州的主要问题是来者不拒、专业太多，从而导致同专业能够交流的人数太少，达不到提高技术水平的临界点。

罗默说，我的这个意见非常好，除了要发展城市之外，还要加上一条——专业化。

我后来到广东去讨论这个问题，就说了一个意见。金融因为涉及的专业太多，要达到临界点，城市的规模就要很大。所以金融中心越大，城市的规模越大。纽约是世界金融中心，有1000万人口。但是制造业不一样了，它和其他产业之间的关系就不那么密切，所以美国波音商用飞机的生产基地就在西雅图的小镇上。还有商业，原来要在大城市里，网络发达以后也不必在大城市里了。

因此，基本问题搞清楚了，就有分析框架来研究城市规模问题，而不是简单地说城市规模越大越好，或者城市规模越小越好。所以我认为，城市化的基本问题需要讨论，这样一些具体问题才能够讨论清楚。

同样，中国经济也有很多基本问题没有进行深入的讨论，也没有建立起清晰的分析框架。有许多名家参加本次论坛，我希望大家能够在一些基本问题的深入研究上取得成果，并能够形成一些分析框架，以此来分析我们的具体问题。另外，也衷心希望野三坡中国经济论坛能够持续地办下去，不断地为我们国家的改革和发展做出贡献。

目　录

第一辑　城市规划与城市发展

芬恩·基德兰德：未来经济政策对中国城市化的影响 ·············· 3

刘太格：明智化的城市规划 ··································· 9

蔡　昉：中国打破城市化速度制约 ·························· 19

仇保兴：紧凑度与多样性：影响城市竞争力的两大空间要素 ········ 27

第二辑　城乡协调发展

宋晓梧：城镇化中的农民工 ································ 37

徐　林：中国需要深度推进城市化的制度改革 ················ 49

文贯中：要素市场的发育滞后与城乡二元结合的固化 ············ 55

刘世锦：打通要素通道是城乡协调发展的关键之举 ············· 63

第三辑　优化城市营商环境

袁喜禄：提升城市竞争力的几点认识 ······················· 71

张思平：改革政府配置资源方式　发挥市场决定性作用 •••••••••• 79

邹自景：不断优化"四个环境"　提升城市发展竞争力 •••••••• 91

李瑞霞：深化"放管服"改革　优化营商环境 ••••••••••••• 97

第四辑　城乡土地市场一体化

张红宇：从"两权分离"到"三权分置"
　　　——中国农地制度的绩效分析 •••••••• 105

黄小虎：利用集体建设用地建设租赁住房
　　　——一个举重若轻的大手笔 •••••••• 113

党国英：土地规划管理机制
　　　——一个被严重忽视的改革领域 •••••••• 125

尹中立：土地和住房问题的关系 ••••••••••••••• 135

第五辑　城市化与京津冀一体化

肖金成：京津冀协同发展与城市群建设 •••••••••••• 143

黄群慧：京津冀产业协同与高质量发展 •••••••••••• 149

张国华：城市化与京津冀一体化：公共服务业定成败 •••••••• 157

第六辑　进城与下乡

王小鲁：关于城乡人口流动问题 •••••••••••••• 167

刘守英：城乡互动的特征与改革 •••••••••••••• 173

王　峻：文化引领的乡村复兴之路 ••••••••••••• 179

第七辑　抢人大战与城市竞争力

倪鹏飞：中国城市：争资竞地与"抢人" ·············· 189

韦　森：经济降速是必然 ························· 201

刘培林：解放人比"抢人"更重要 ················· 205

第八辑　城市化路径：都市圈和城镇化

蔡继明：确实发挥市场决定性作用　优化人口与土地空间配置 ··· 215

德地立人：日本大都市圈发展对中国的启示 ········· 235

肖金成：城镇化、都市圈与城市群 ················· 246

野三坡夜话 ································· 252

野三坡中国经济论坛简介 ····················· 260

第一辑　城市规划与城市发展

改革开放40年，是我国城镇化快速发展的40年。这40年间，中国城市发生了哪些变化？这些变化又是如何重塑我国国土空间和城乡格局的？促成这些变化的力量是什么？未来还有哪些发展可能？

芬恩·基德兰德

芬恩·基德兰德，1943年出生，挪威著名经济学家，目前他是加州大学圣塔芭芭拉分校经济学教授，同时也是卡内基梅隆大学的泰珀商学院特聘教授。2004年基德兰德与爱德华·普雷斯科特因揭示了经济政策和世界商业循环后驱动力的一致性而共同获得2004年诺贝尔经济学奖。

1968年基德兰德在挪威商业学院获得经济学硕士学位，1973年获得匹兹堡的卡内基梅隆大学博士学位，在普雷斯科特教授的指导下完成博士论文《宏观经济规划的分散化》。获得博士学位后他回到挪威商业学院任副教授。1978年作为访问学者来到卡内基梅隆大学，之后任副教授，从此定居在美国。

基德兰德的专注领域是经济学及政治经济学。他的教学及研究主要关注商业周期、货币和财政政策以及劳动经济学。1977~2004年，他在卡内基梅隆大学任经济学教授。此后他来到加州大学圣塔芭芭拉分校并创建经济金融综合实验室。他同时也是达拉斯、明尼阿波利斯和克里夫兰美国联邦储备银行的研究员。

未来经济政策对中国城市化的影响

芬恩·基德兰德

大家早上好！

我很荣幸今天在这里给大家进行演讲，由于我只有 30 分钟的时间，所以我会短暂地向大家阐述我的理论。我的主要观点是讲述未来经济政策对城市化，尤其是对中国城市化的影响，包括中国城市化的进程以及科技对城市化的影响。

通过全球范围内一些数据的体现大家可以看到，这个数据是来自不同国家真实的国内人均生产总值，主要通过物价来体现。

在大屏幕上，我以两组数据向大家展示我的理论。这两组数据来自美洲以及欧洲国家，另外 3 个来自亚洲国家。大家可以看到，3 个亚洲国家的起点非常低，但是在过去的 30 年里他们的增长非常迅速。

后来我又增加了两个拉丁美洲的数据，分别来自智利和墨西哥。这让我们引起了不少的疑问，为什么这样的国家起点与其他国家类似，但是在近 30 年的发展当中却发展得缓慢？接下来我把两个新兴成立的国家增加到这组数据当中。大家可以看到，这两个国家的发展与其他国家的发展轨迹非常不同，他们的发展很大一部分取决于国家和城市的经济政策，尤其是某一年度的政策对国家的经济产生了巨大影响，包括他们的边际人均生产总值。

中国现在是世界上非常大的国家，我增加了中国的这组数据。由于中国人口众多，所以即使中国的国内生产总值在世界的排名非常靠前，但是人均生产总值相对于其他国家仍较低。

下面这组数据是从 1950 年到目前这么多国家的人均生产总值的巨大比例。有一些国家的人均生产总值每一年只有很小的一部分，但有一些国家人均生产总值可以达到 1 万美元。这是这个国家和地区受经济政策影响不同造成的。

众所周知，目前经济的增长在很大程度上取决于科技的发展，科技的发展又取决于科研和很多私人领域以及私人产业的发展。科技的发展离不开经济的投入，但是科技的发展并不能够让我们在短期内看到经济变化，可能在 10 年、20 年以后才能够看到。因为在未来 20 年时间里，一旦经济发生变化，不仅取决于科技的发展，还取决于那个时候的经济政策，包括从中央政府到地方政府的政策，还包括税收的政策。

令我们感到很震撼的是，未来经济的政策在很大程度上决定了今天商业的发展。所以好的经济政策应该是持续性的，而且可以在短时间内能够让经济和产业发生不小的变化。

下面我为大家举一个非常成功的经济政策影响到经济和商业发展的例子。首先我举欧洲发展比较好的 4 个国家，包括英国、德国、奥地利、法国，他们的经济增长在过去的 30 年里是迅速持久的，与此同时我又增加了几个其他的欧洲国家，比如意大利。

一个成功的案例，在欧洲是爱尔兰这个国家。爱尔兰的人均生产总值的数据在 1990 年的时候有所中断，而在过后的 10 年又迅速地增长。这取决于 1990 年爱尔兰国家政府大幅度提高了税收政策。他们认为税收政策不应该只看到眼下和近一两年的发展，他们把目标定在了12 年以后。所以在 2009 年的时候，爱尔兰的经济发生了突飞猛进的发展。

　　下面我以 4 个国家为例，给大家展示经济政策对经济带来的影响。大家可以看到，意大利、西班牙、葡萄牙和爱尔兰这 4 个国家在 1960 年的时候经济起点基本相似，但在 1990 年之后，爱尔兰由于税收政策的巨大变化，导致了国家经济发生了很大幅度的增长。而西班牙、意大利、葡萄牙在 1990 年之后经济却发生了令人不满意的结果，很多国家经济出现了短期的负增长或者是持有原水平的现象。

　　如果把每个国家的国内生产总值落到每一个工作小时上，我们也得到了相同的数据，就是爱尔兰这个国家的每一个工作小时的生产总值要远远高于其他 3 个国家。

　　影响这些国家经济发生变化的原因有很多，这 4 个国家都属于欧盟国家，西班牙 1990 年前后的经济发生变化，从原来的贸易主导型经济变成了非贸易主导型经济。大家都会考虑，到底是什么问题会产生这样的经济变化，或者是我们如何能够把经济变化缩短，能够让经济持续发展。

　　在 1981 年的时候，智利和墨西哥这两个国家面临相同的问题和相同的经济情况，但是由于经济政策的不同，导致了 30 年的时间里两个国家的经济发生了巨大的转变。1980 年的时候，智利这个国家决定要重新调整他们的经济政策，其中很大的影响是对银行业和投资业的改变。因为原有的银行业并不稳定，所以智利对整个银行产业，包括经济政策、利息以及贷款这些所有跟银行相关的产业做了全面调整和重新组合，使经济政策能够在未来更加长久和持久。但在经济政策改变的 3~4 年，他们的经济其实是有 20% 的缩减，但是在这之后，经济又开始了大幅度回升。

　　墨西哥这个国家相对于智利来讲就有很大的差别。墨西哥并没有对银行和投资产业有大幅度的改变，而是放任这些银行和投资业按原有的模式继续运行，而且他们也没有看到创新创业对国家经济的影响，没有更多的创新创业和科技研究投入新兴产业当中。所以 1981 年人均

国内生产总值墨西哥与智利相同，但在近 30 年里并没有发生大幅度的改变。

有一篇讲中国经济发展的文章，我从中学习到了很多。其中对中国银行业的阐述，我不能认同。因为我觉得中国很多的大型银行是国有银行，或者是由非常大型的公司所控股，很多经济政策和很多投资业的规则可以更容易执行，也更容易让这样的银行和产业进入国际市场。因为他们有这样的资源去适应全球国际化的标准，并且能够吸引外来投资。

一些中小企业或者中小规模的产业即使希望改革，但是由于他们的规模受限，所以也很艰难。他们没有足够的资金投入新兴的产业当中，很难往下一个更高端的产业去发展。

这导致了中国大型国有银行对国家经济产生巨大的影响和帮助。因为中国这样一个拥有丰厚资源的国家，由于国家政策和银行业的规模，使得中国经济在过去的 10 年或 20 年里突飞猛进地发展，并实现巨大增长。这也使得资源能够更多地重组和规划，包括政府大规模地投入房地产产业。

最后阐释我的观点：中国作为目前的经济大国，在所有的经济发展当中起到非常重要的作用。值得我们思考的是，未来如何让经济发展从经济发达国家转移到经济不发达国家，城市化正是非常重要的路径。

谢谢大家！

刘太格

刘太格，博士，规划师、建筑师。

新加坡墨睿设计事务所创办董事长；新加坡宜居城市中心咨询委员会首任主席。2017年12月至今，创办新加坡墨睿设计事务所并兼任董事长。同时，2008年至今，被任命为新加坡宜居城市中心咨询委员会首任主席，积极组织并应邀多次参与世界级重大会议作主旨发言，促进世界宜居城市建设经验交流。1992～2017年，任雅思柏设计事务所董事。刘博士在新加坡以外的40多个城市承接完成了众多城市规划、城市设计以及建筑设计项目。

曾荣获多项重要大奖，如1976年，新加坡政府授予公共行政金牌；1985年，再次授予他优越服务奖章。1993年，荣获第2届亚细安成就奖，表彰其对建筑界的杰出贡献。2001年，荣获新加坡建筑师协会金牌奖，同年又荣获法国巴黎城市奖。2015年，荣获新加坡总统颁发的特殊功绩勋章、新加坡设计金禧奖及新加坡规划师学会的卓越终身成就奖。

明智化的城市规划

刘太格

各位贵宾、朋友们，我的本行是建筑师和规划师，不是一个经济师。我觉得以新加坡的经验，如果一个城市的经济要发展得比较顺畅，与好的城市规划环境还是有关系的，因为有好的环境，功能做得好，配套做得好，那我们就可以吸引更多的外来投资者，还有吸引人才，这是我在新加坡的经验。那么要如何把城市做好呢？我觉得关键就是要做一个明智化的规划，明智化用英文来讲就是"Intelligent Planning"。

为什么提出这个理论，因为我觉得规划这门学问还是没有达到科学化的水平，所以如果我对小孩子说，我要画一只大象，我画得不好，小孩子一眼就看到是画错了。可是我说我要画一张规划图，你画得再坏也没有人知道，你画得再好也没有人知道，这是个很大的问题，所以我们做规划师还是需要动动脑筋通过研究和思考来做规划。

刚才我们听到吴敬琏教授说，做经济是需要研究基本的问题，我很有同感，因为规划师也要研究城市规划的基本问题。那么有些人就对我说，这个世界现在变化得这么快，我们怎么能做一个长期的规划？我是不认可的。因为我觉得人类生活上的基本的需要是千年不变的，规划师的任务是要去研究人类生活上的基本功能的需要是哪些，把它划进去。所以我今天的课题是以这个背景来跟你们做一些介绍。

大家知道我以前是在建屋发展局工作，就是公共住宅局，所以我帮政府规划了23个卫星镇，不断地在改进，而且也建设了50万套的公共住宅，当时我是一边工作一边做的，做一些基本的规划研究工作。所谓市区重建局就是你们的规划局，现在我是在私人企业墨睿设计研究所做事。我同事也是新加坡政府组织的新加坡宜居城市中心的主席。

我为什么要谈明智化的规划，并以中国人的角度来谈，因为我在中国国内也做了40来个城市的规划，对中国城市的情况还是比较了解。

今天讨论的内容就是下列几件事。

第一是新加坡的城市发展经验。因为很多朋友到新加坡去待了一两天就对我说，你们的规划很容易做，因为你们没有破房子，没有贫民窟。其实1960年英国政府退出的时候，新加坡可以用这六个字来描述——贫穷、破楼、落后。如果你们不相信我的话，我用以下照片来告诉你们。

图1　1960年：165万人中，130万人的家

图2　1970年：中央商业区

1960年4个人里面3个新加坡人住在这种房子，就是棚户区，甚至在1970年，我们现在崭新的中央商务区是这样子的，你注意看前面三角形的建筑，这个是邮政局。到了1985年也就是25年的时间，新加坡就变成一个宜居、繁荣、进步的社会，怎么说呢？前面那些棚户区就变成了这个样子，这些就是公共住宅，前面三角形的小房子背后就是这些新的中央商业区。如果你们注意看旁边那些矮小房子，是我们的历史街区，也是长期受保护的，不准拆除。如果任何人故意让房子塌下的话，这个业主必须以3倍的市价来赔偿给政府，所以我们建的房子超级牢固。

要怎样从1960年到1985年把这工作做好，和我今天要谈的"明智化的规划"有关，我就放一些规划图纸给你们看，我不详细解释，这些是比较重要的图纸。

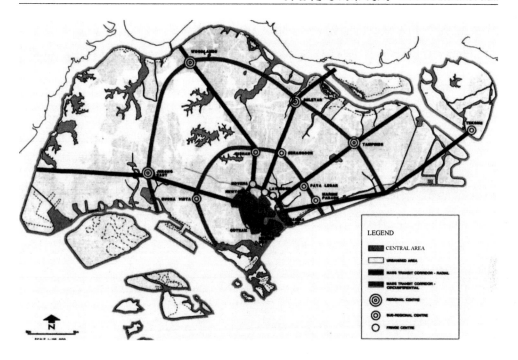

图3　城市结构：定好策略，公交为主

　　首先整个城市结构图要做好，上面这张图就是商业中心和地铁线规划关系的结构图。从这张图，你就会看到我们这个城市的规划是以地铁交通为主的，而且主要的地铁线交叉的地方就是主要的商业中心。

　　还有一般的城市领导都想把他们的城市做得有特色，其实一个城市最大的特色是自然环境，可是在中国好多的地方，河道被改道了，山坡也被铲平了，因为一般人认为标志性建筑是城市的特色，其实不然，最大的特色是如下三点：一是历史建筑，二是自然环境，三是城市的密度。你如果从上海来到野三坡，不详细看建筑，就知道已经到了一个跟上海完全不一样的城市。密度的差异非常重要。

　　接下来就是，因为我现在觉得中国的城市越来越庞大，其实一个北京或者一个上海就超过了整个澳大利亚大陆的人口。我们小小的新加坡，今天的人口只有500多万。我在1991年就已经把它分成5个片

区，片区下再分成卫星镇。为什么这么分呢？片区里面有片区中心，卫星镇有卫星中心，而且片区有片区的配套，卫星镇有卫星镇的配套，这样就能把城市功能有系统地分散到城市各地去。市民就不需要老是到中央商务区满足他们生活上的需要，这样一来中央商业区的交通压力就比较小，市民的宜居程度也相对提高。所以新加坡的密度基本是相当于每平方公里11000人，是比中国多数的大城市还要紧密，可是交通不堵塞，跟这个有关系。当然路网地铁线和商业中心的紧密连接也是很重要的，我在国内也看到不少，地铁线走自己的线，商业中心摆在自己的位置，完全没有打交道，那这些地铁线的功能不能充分被利用，是一种浪费。

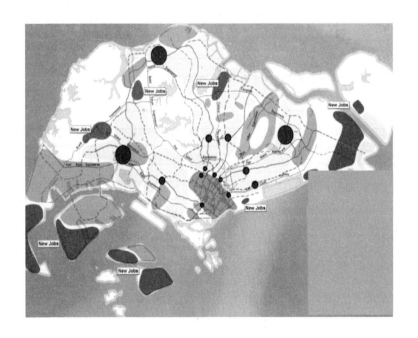

图4　城市器官：商业中心系统、工业区、空港、海港

还有一点一般人不谈的是城市的"器官"，比如图4这些"器官"是对生活环境有影响的，我们分布在比较边缘的地方。比如最东边这

块地是机场，我们机场的飞机班次即使再多，在我们这个小岛上的居民也是没有感觉的，所以选址是很关键的，还有一些重要的基础设施也要把地址选择得恰当。

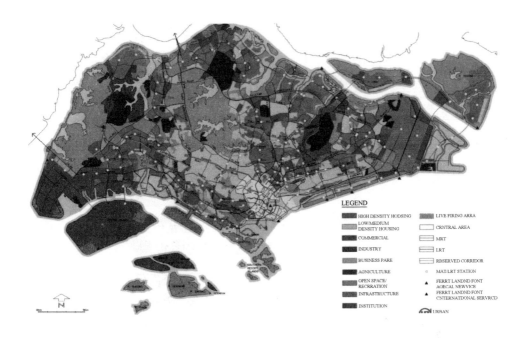

图5　1991年的概念规划

把前面这些图纸叠加起来就是所谓通过小系统来组合成一个大系统，在这基础上我才最后把上面这张1991年的战略性规划画出来。所以你们看这张新加坡的概念规划图，好像是我可以在两三天内画出来，几条线、几片颜色。所以当规划师最可悲的就是，一般人看到这张图就觉得，如果他们稍微改一点好像没有问题，改几条线，改一些色彩，太容易了，其实这背后的学问是非常多的，背后有一个明智的考虑。

通过明智化的规划，得到的回报是什么呢？新加坡密度又高，可是宜居度也在全球排位很高，这对经济的发展是有很大作用的。基础设施和生态环境在亚洲也是最好的，其中最重要的是经济的竞争力在

全球排第一或第二，这当然和政府的政策有关系，跟人民的素质有关，同时也跟城市规划有关系。

我刚才讲得太严肃了，我是要告诉你们，我们在做严肃工作的情况下也同时考虑人的生活宜居度。

用我的话来说，在25年内我们基本上的基础设施已能供应全市，所有的棚户区都不见了，每个市民都有房子，没有贫民窟也没有民主村，甚至今天93%的公民都能买下他自己的房子，这和我们政府明智化的公共住宅政策和明智化的规划运作有密切关系。

从经济指数上来说，人均GDP从1965年到1985年增加了10多倍，从1965年到2017年增加了100多倍。

下一段我想谈的是编制这些规划背后的规划理论，由于时间关系，我就不详细地解释了，刚才我说我把小小的新加坡分成5个片区，25个卫星镇。可是北京、上海这些超大城市，我不希望把它们当作一个城市，应该是当作几个三五百万人口的城市组合的一个城市群。如果要考虑京津冀区域的城市结构，从大的角度来看，我觉得可以把它当作"城市银河"，我取这个名字是希望给你们比较深刻的印象，同时也不是完全没有道理的。比如京津冀在晚上看是这个样子，其实就像是天上的银河。银河就是由一群大小各异的星球（相当于城市）组合（成）的，他们之间很像城市群里有城市、片区、市镇，各形体既独立又相关。

如果把这些理论用在中国城市里面，比如西安咸阳的规划，我就把它分成西安、咸阳两个城市，加上若干个片区，在这个基础上再把城市分成若干个片区，在这个片区底下再分成总共68个卫星城，这样功能就能够适当地分布下去，这也提升了城市的宜居度。而且这里我用最刺眼的颜色来表现历史古迹，有些地块上面有铁路和快速路穿越而过，我看到了心里很难过。所以我就把这些古迹用鲜艳的颜色画出来，希望当地的政府以后不要再让铁路和快速路穿过这些地块。

京津冀我大概做了这么一个分析，人口大概是这样的，有这么多城市，晚上看是这个样子。所以如果要把规划做好，要把城市做宜居，一个重要观点就是要做远期的规划，一般我在国内做是做到 2070 年。

预测人口规模到 2070 年，按这个人口规模来评价这个城市的身份。如果规模大的话，城市的功能会更完善，城市的身份也越高，密度也必须高，而且建筑高度也高一些。所以我是希望每次做一个城市规划，在确定远期人口规模后，首先要敲定这个城市是什么身份，做个比喻，北京肯定是一个"董事长夫人"的身份，穿着要比较华丽一点。野三坡肯定是一个"乡村姑娘"的身份，穿着要比较浪漫活泼。有一点要强调的就是，"董事长夫人"看到"乡村姑娘"的浪漫活泼，她是不是看不起的？不见得，而是很羡慕的。所以每一个城市要敲定它自己的身份，要把它的身份特点体现出来。其实从整个中国的角度来看，如果每一个城市的身份敲定正确了，用不同的身份手法来做规划，全中国的旅游业就会大大的兴旺。

城市族群就不再多说了，我们要把规划做好，其中一个起点就是要把城市设计为一部很理想的"生活机器"。那我们要设计这部"机器"的话，就要知道这个"机器"里面有哪些零部件、尺寸多大、数量多少、摆在哪里。所以我提出了要做城市规划必须尊重八个合理，即合理身份、合理功能、合理等级、合理范围、合理尺度、合理数量、合理比例、合理布局。这八个合理是做城市规划很重要的基本功夫，要把它学习好。

最后如何要把规划做好，我觉得有三件事——价值观、科学性、艺术性。价值观需要有人文学者的心，科学性要有科学家的脑，艺术性要有艺术家的眼，心、脑、眼全都要有。一个人不可能心、脑、眼都很好，所以我们做规划要有一个团队，有的是心好，有的是脑好，有的是眼好。为什么呢？因为如果有人文学者的心，这个城市文化的政策规定得比较好，科学家的脑就可以组装一个理想的生活机器，艺

术家的眼就能与土地"谈恋爱",一个规划师必须要记得跟土地"谈恋爱",才会保护好自然环境、历史古迹。

城市和人一样,我们看一个人不仅仅看他的外在美,也要看他的内在美、心灵美。这样子,城市居民对城市就有乡愁,城市的功能运作就健康,城市形象就美丽。其实有了这些条件,对城市经济的发展也有好处,会吸引投资者,会吸引人才。

执行要严谨(这个大家都理解),包括多规合一是很重要的。比如我们在新加坡只有一个单位叫市区重建局来编制规划方案,而且只有这个市区重建局来执行方案,所以这个严谨度是很强的。

总之,我们如果要提升城市效益和吸引力,就要珍惜先天资源,要做明智化的规划,还要有明智化的行政系统。

再把前面那些话梳理一下,我们做规划的主要目的是两个字"人"和"地":"人"要把社会做到宜居,社会要坚韧;"地"要把土地做到可持续、功能完善。所以这张图的左边是城市的软件工作,要做得好,右边是城市的硬件工作,也要做得好。这两者就好像一个人的两只手,是分不开的,你要拍手必须两只手,不能一只手,拍不出声音来。

如果要把城市建设好,要考量的因素是哪些呢?好多因素都要同时考量。图上展示的这些因素当然是比较重要的,背后有许多更详细的因素。我们今天谈的是经济,我们谈经济的时候不要说我们的城市发展就是为经济来设计的,要把所有的这些主要因素同时处理好,城市经济才会做得更好。所以要把城市做好,一方面要有明智化的规划,另一方面要有明智化的行政,那么这个城市的经济肯定就会发展得好。

蔡　昉

　　蔡昉，现任中国社会科学院副院长，第十三届全国人民代表大会常务委员会委员、农业与农村委员会副主任委员。主要研究领域包括：劳动经济学、中国经济增长、收入分配等。著有《破解中国经济发展之谜》《从人口红利到改革红利》等。近年获张培刚发展经济学优秀成果奖、中国软科学奖、中国发展百人奖、中华人口奖、孙冶方经济科学奖、国家出版图书奖、中国经济理论创新奖等。

中国打破城市化速度制约

蔡　昉

大家上午好！

我们都知道过去中国经济的增长非常快，每年保持在 9.6% 的 GDP 经济增长速度。其实中国的城市化速度是全世界有史以来最快的，过去我们老粗略地说城市化率一年 1 个百分点，或者一年 1.2% 等，其实这个说法太粗糙了。城市化速度是指什么呢？是指城市化率的提高速度。在过去的 40 年里，我们每年城市化率提高 3.1%，你在任何国家、任何时期 40 年都不可能涨到这样的速度。

同时我们也可以做一些比较。比如说在这 40 年里头，发达国家、高收入国家的平均城市化速度是多少呢？是 0.33%，一年只提高 0.33%。低收入国家只提高一点几个百分点。同时我也找到一些中国可比的，也就是我们处在什么样的阶段上，这些国家跟我们比。我们看第一类是跟我们处在同一个人口转变时期的国家，世界银行给它定义为晚期人口红利国家。这些国家除了中国之外，他们的城市化速度在过去 40 年里头平均是 1.75%，与任何一组国家比都是最快的，但是中国是 3.15%。

还有一类国家跟中国一样，就是我们所谓的中等偏上收入国家行列，中国是这个行列的。但是这些国家不含中国之外，它每年也只提

高了 1.65%，我们还是 3.15%。所以我们取得了经济增长跟城市化的奇迹，这是一个事实。

但是有这样的城市化速度，它本身还是有问题的。第一个问题是说我们的城市化率是一个常住人口的城市化率，目前是 58%。有相当多的人被计算在城市化人口中，但是并没有享受到真正的城市稳定的就业、社会保障、基本公共服务等——这就是我们现在 1.7 亿的农民工。如果把这些人撇开的话，因为他没有城市户口，那我们得到的户籍人口城镇化率到目前为止也只有 42%。如果是这样的话，我们的城市化率就大打折扣了。

第二个问题是中国的城市化速度过去很快，但是现在已经开始减速了。比如说从 2010 年到 2017 年，我们的城市化率是以每年 7% 的速度下降。2010 年，我们城镇化率一年提高 3.33%，现在一年只能提高 2%。我们都知道，中国经济随着我们体量的增大，人均收入逐步提高，传统的增长源泉消失了。人们会说中国应该减速，下一个平台在新的常态上增长。这是对的，因为经济发展水平越高，它的后发优势越小，赶超起来的速度也就会慢。

但是城市化是不是这样？如果达到了很高的城市化水平，当然也是这样的。但事实上，中国的城市化任务远远没有完成。我们可以做一些比较，我们不要跟发达国家比，高收入国家的平均城镇化率是 84%，我们还差得太远。我们跟相同的收入组、中等偏上收入的国家来比。他们的平均水平是 65%，我们是 58% 和 65%，还有至少 7% 的差距。

还有一个可比的，中国目前人均 8000 美元或者 9000 美元的 GDP，在未来 5 年左右的时间，我们希望达到高收入国家行列。高收入国家和中等收入国家的分界点是 12000 多美元这个水平。中国的人均收入水平到 12000 多美元，这中间有哪些国家呢？这些国家就应该是我们在未来短短的几年内就要赶超的国家。这些国家的城市化率平均起来

也是64%，也有6%~7%的差距要赶超。因此说，中国的城市化道路还没有走完，还必须持续下去。

我们迄今为止还没有看到世界上任何国家，在低城市化水平上实现现代化的，无论是基本现代化，更不要说现代化强国了。所以我们必须继续保持城市化速度。这是一个观点。

我们很多人觉得中国是一个人口庞大的国家，农村人口也很多，中国在任何时候也不可能达到像西方国家那样的城市化水平，我觉得这是没有道理的。从历史经验看，我们不可能在农村占主要条件下达到现代化，因此我得出一个结论，城市化道路可以有中国特色，但是城市化目标不能有中国例外。这又是一个观点。

再一个观点，我想回到一些中国面临的挑战上去。在讲这个挑战之前，我们先看一看我们现在最关心的事，就是中美贸易摩擦。我不想讲这个事本身，但是我们来看一看美国的问题出在了哪？物必自腐然后重生，他是自己国内出了问题，他才出来打贸易战。

美国问题出在哪儿？或许对我们也有一些借鉴。我们知道，美国这一轮优化应该是1990年之后开始的。20世纪90年代之前世界上是被分割的，分割的情况是什么呢？就是说国际贸易是在发达国家之间进行的，他们叫产业内贸易。因为发展中国家，社会主义国家也好，苏联东欧集团也好，都没有加入这个分工体系中，因此他们是自己在跟自己做贸易。但是他们的人均收入水平差得多，他们没有根本上的资源禀赋差异，因此他们进行的贸易不是李嘉图所说的在交换生产要素，他们交换的其实是规模经济。

在这种情况下，他们通过国际贸易不会改变生产要素的相对收入水平，因此也就不会影响国内的收入分配状况。90年代以后，我们中国开始发展了，拉美也开始进行外向型的发展，因此全球变成了发达国家和不发达国家之间开始交易。这时候就是交易生产要素。我们收入水平低，劳动力就便宜，他们收入水平高资本就丰富，这时候我们

交换。你想想，资本很丰富就意味着他的报酬比较低，但是你交换出去了你就减少了资本供给，因此你的资本回报率就提高了。与此同时，你过去劳动力短缺，他的工资非常高，这时候你减少对他们的使用，而进口了其他国家的劳动要素，这时候你的劳动要素报酬就会降低。

其实这些变化，在李嘉图的"比较优势理论"中就包含的，也就是说自由贸易本身并不具有所谓的"涓流效应"，自动地解决收入分配问题，他需要国内制定相应的经济政策和社会政策。美国没有做到这一点，因此他的劳动力市场就形成了两极化，中间原来生产制造业产品的这一部分工人就失去了工作，转移到了其他国家。这些国家无论有中国还是没有中国都无关紧要，有中国他只是体量更大一些；没有中国还有其他的国家。发展更快一些，替代他们的岗位也就更快一些。但是归根到底，他们这部分岗位失去了，另一方面的科技、教育也发展，因此高端的劳动力人才还是存在和发展的。

同时他们为老百姓生活服务的，麦当劳打扫卫生的这些岗位永远都在，他也没法进口，他就自动保留，因此劳动力市场走向了两极。以前在他们发展最快的时候，以及最需要工人的时候，说我只要上了高中就可以成为中产阶级，那时候叫从高中进入中产阶级。

现在不行了，你上高中没必要，你要再低端不上初中都可以，你要再高端上了高中上不了大学也没有意义。因此他们就形成了这样的状况：劳动力市场两极化，收入就要两极化，收入水平的差距就会扩大，因此老百姓就有情绪。那个时候，他用中国进口的廉价产品，让老百姓买到了便宜的生活用品，他们可以活下去了。但是金融危机之后，这个产业流失就进一步加快，因此他们老百姓的情绪就更加恶劣。

这个时候也有人能够分析出，面临结构性的矛盾，需要进行结构性改革。但是任何政治家最省事、最直接的办法，去得到选票还是找到一个外边的敌人，假想敌也好，真实的敌人也好，把老百姓（的）注意力引到他的身上去。这就是他们的问题。

我今天不是想解释中美贸易摩擦谁对谁不对，我是想说美国的教训也是值得我们借鉴的。这个教训里面我觉得有这么几条：一条是失业是过度就业的结果，找工作困难是长期劳动力短缺的结果。这个话说起来就比较绕，它的意思是说，如果在一个社会长期存在劳动力短缺的话，就会带来问题，一个是会导致过度就业。过度就业的含义是什么？我们经济学家说的过度就业含义是失业率已经低于自然失业率。因为自然失业率是有意义的，有自然失业率人们就知道我想找到工作，我必须受好的教育和好的培训，我必须得有技能。如果没有了自然失业率，我只要活着我就能找到工作，总有人要，在这种情况下就不鼓励人们去接受人力资本的培养，这就造成了潜在的长期增长隐患。

另一个是长期劳动力短缺，还会造成工资的过快上涨。工资上涨永远是好事，但是什么叫过快上涨？就是它的上涨速度快于劳动生产率的提高速度。如果是这样的话，就意味着劳动生产率的提高抵偿不了工资的提高，也就意味着单位劳动成本提高，这个提高就意味着你所在的产业比较优势在丧失。

这个结果，就意味着资本要加快替代劳动力，机器人迅速替代活人，同时产业还要向其他地区、其他国家转移。这些必然的反应都是正常的，这些反应最后产生的结果是什么呢？就是剩下的岗位真的没有那么多了。

这个时候工人发现：第一，岗位都流失掉了；第二，我的人力资本不能适应产业结构调整之后以及升级以后的技能需求。因此我们的工人可能会陷入一个新的困境。我们想解决这个问题，有很多经济学家可以用基本原理给出很多药方。今天既然我们讲的是城镇化，我就觉得中国的城镇化提前减速，因为它遭遇到一些制约，如果我们打破这个制约，可以使我们的生产要素劳动力的供给更充分一些。

美国人还发现了一个现象，都说科技进步是带动劳动生产力提高的，但是这一轮科技进步是以人工智能、计算机的发展为特征的，但

是没有提高劳动生产率。他们发现这是很奇怪的现象，不合逻辑的现象他们就叫悖论。

中国也出现了悖论。因为改革开放之初，1978年中国城市化水平只有17%，70%的劳动力在农业中就业。这些年我们从17%提高到了58%，劳动力从70%多降至不到20%。这么大的调整，这么大规模的农民工进城，没有发生农业和非农产业劳动生产力的趋同，差距仍然是那么大，这个就非常奇怪。

我就想说三条。第一条是农业劳动生产率没有提高到应有的程度，为什么没有提高？什么都变了，为什么就劳动生产率不变，原因就要找还有什么东西没变，总有一个东西没变，这就是农业经营规模没变、土地规模没变。正好今天我们有很多研究土地制度的学者，所以我把这个话题留给大家。因此说推动城市化，扩大土地经营规模，提高农业生产率是一个必然制度。

第二条，我们大家都知道，户籍制度仍然在阻碍农民工在城里长期居住下去，让他的孩子愿意并且能够接受好的教育，他们也能像城市里的人一样消费，像城市里（的）人一样做出贡献，像城市里的人一样60岁退休，而不是40岁退休。

第三条，过去这几年在调整产业结构的时候，我们也有一些误区，我们觉得从第二产业到第三产业就一定是进步，这是不一定的。你看一看中国的统计数据，实际上到目前为止，第二产业的劳动生产率是高于第三产业的劳动生产率。我们产业结构调整的方向，城市化的方向是为了提高劳动生产率。因此当你说劳动生产率不能提高的时候，就不应该从第二产业转向第三产业，反而应该从第三产业转向第二产业。我觉得保持城镇化的速度，保持产业结构的生产率原则都是同样重要的。

谢谢大家！

仇保兴

仇保兴，现任国务院参事，中国城市科学研究会理事长，国际水协（IWA）中国国家委员会主席，高级规划师，经济学、工学博士。曾担任浙江省乐清县县委书记，金华市委书记，杭州市市长及国家住房和城乡建设部副部长，国务院汶川、玉树、芦山地震灾后恢复重建工作协调小组副组长，国家水体污染控制与治理重大专项第一行政责任人等职。

仇保兴也是城市规划建设方面的著名专家。曾作为访问学者在美国哈佛大学参与相关项目的研究。现兼任同济大学、中国人民大学、天津大学、中国社会科学院博士生导师，清华、北大、南大、浙大、复旦、香港理工大学和英国卡迪夫等大学的兼职、客座或荣誉教授。曾获多项国际奖项，2006年获国际水协主席奖，2010年获联合国教科文组织亚太文化遗产奖，2014年获国际绿色建筑协会主席奖，同年获国际水协全球奖。

著有多部专著，其中《和谐与创新——快速城镇化进程中的问题、危机与对策》和《中国城镇化进程中的城市规划变革》等已被翻译成英文在海外出版发行。

紧凑度与多样性：
影响城市竞争力的两大空间要素

仇保兴

城市竞争力有很多的表达模式，也有许多增加的路径。我们从城市规划来讲空间要素，一个城市如果是紧凑的，又是具有多样性的，这个城市基本竞争力增长的基础就有了。

一、影响我国城市紧凑度的主要因素是什么?

你看我们国家的人口密度，城市的人口密度变化，基本上遵循一个国家的强制性标准，一平方公里建成区有10000人。而美国在城镇化的过程中，城市密度是有限的，当然在这个过程中付出了巨大的代价。根据联合国的研究，一个美国人所消耗的交通汽油就相当于5美元。为什么会造成中国现在的城市密度呢? 一是各类园区开发失控;二是行政中心与大广场盛行; 三是过多的高速公路网; 四是近郊农村"以租代征"; 五是独立工矿区用地模式粗放; 六是居住密度的下降趋势。

二、城市紧凑度与多样性（1.0版）之五种多样性

第一点是城市紧凑度与多样性。比如街道风格多样性。一个城市

应该有多种多样的景观，这些景观有的是历史传承的，有的是后来创造的，有的是依山就势的。

第二点是空间格局多样性。如果把自然融进来，把山水融合，以及城市的人工建筑有机地结合起来，那么我们会创造出空间非常丰富的东西。

第三点是建筑与园林的多样性。我们中国的园林讲究的是建筑阴阳组合，讲究道法自然宛如天成，这与西方建筑的原理是不一样的。

第四点是产业的多样性以及是否可循环性。如果这个城市的产业是多样的，而且产业之间有紧密的联系，就形成了集群。这样的话，它从下而上的创新能力就比较强。

第五点是城乡环境的多样性。我们说城乡应该融合，融合的渠道越多，形式越丰富，多样性越好。

三、紧凑度的历史总结

在人类创造历史的过程中，城市形态是多变的。比如布拉格成为历史的文化遗产，它是没有规划的城市，由建筑师与历史进程中一个一个建筑逐步自我生长而成。但是进入工业化文明时代，巴黎的改造创造了奥斯曼空间，由行政首长、规划师创造的一个独特的，但是又具有历史传承的空间，这就不是从下往上的表现。这些奥斯曼空间，你看它建筑很低，但是它容积率相当高。奥斯曼空间先建造框架，然后多层紧凑的多种形式的院落结构就成熟了。而且休闲空间多样性，也就是为什么建筑的高度与街道保持一定的比例成为一种黄金风格的尺度。

现代主义（巴西利亚）与帕尔马比较，这些城市空间密度非常低，但是非常空旷对称，且充满机械美。这种机械美来自谁呢？勒·柯布西耶为巴黎做的规划"光辉之城"，你看勒·柯布西耶为巴黎做的旧城改造方案跟中国现在的绝大多数城市几乎是一样的，但是勒·

柯布西耶的这个"光辉之城"在巴黎并没有得到实施。

比如说路德维希的"垂直城市"。从理性上讲它是样板，但是并没有保存好。再加上现在的城市综合体把多种功能综合在一起，已经成为大城市紧凑化的一个非常重要的条件。

这种由工业文明推动的城市，从1800年到21世纪，它是变化的。这个变化趋势是密度越来越低，多样性越来越差。这就是为什么我们要有旧城改造，为什么在旧城改造过程中把历史古迹拆掉，为什么要把这些宝贵的大大小小的故宫消灭掉？有这些动机，这些动机有可能是良好的，但是结果是坏的，这就是刚才刘太格先生讲的。

四、关于路网的多样性

其实我们200年来的路网结构进化，使路网越来越单一，毛细管越来越不通了。大家可以看一平方公里之内，如果我们有不同的空间规划，道路密度是完全不同的，道路的长度也完全不同，交通的可达性也是完全不同。所以一个城市的繁荣、舒适和路网结构是直接有关系的。中国城市的弊端就是用了工业区的模式来规划城市的生活区，造成路网拥堵，毛细管不通。一个真正合理的毛细管，就是主路和支路之间的关系应该像树叶的叶脉，应该是1：15，可能更多。但是我们的人为规划，主路变得非常突出，支路和主路之间只有1：3，达不到我们标准规范引导的1：5的关系。实际1：5已经太低，和自然的叶脉，和自然的一些传输系统的结构比，我们已经落后。人类没有聪明地认识到，自然的结构之间应该是1：15。

巴西利亚被称为样板城市，城市很壮观、漂亮，但是它的竞争力非常低，它只是纪念性的。凡是纪念性的、密度很低的城市，就没有什么竞争力。

波士顿的竞争力非常大，它的空间非常丰富、密度很高。最后它虽然败给了美国的硅谷，但是它是硅谷的前身。

我们经常把城市的道路一段一段地进行拼接，如果中间有一段出现问题了，整个城市就瘫痪了。但是如果我们采用多种道路都可以到达目的地，这个城市道路的丰富性、交通的安全以及遇到障碍的时候城市不罢工就会实现。

五、空间机理的多样性

空间机理实际就是内部展开的空间。我们经常讲中国香港非常有活力，香港连续八年被评为世界上最佳的旅游城市。为什么呢？中国香港的空间结构至少有五种形态：有维多利亚时代的空间结构，有现代化的，也有十几个卫星城，更有离岛的自然风光，当然也有繁华的商业区。你到了一个餐馆同时提供五种菜，但是到了中国北方的城市就是一种白菜，爱吃不吃随你。所以这样的城市就没有包容性。

如果我们把景观进行分类，有吸引力的城市肯定具有多张"脸"，有多种景观满足不同人的需求。巴黎从 1800 年进化到 20 世纪末，创造了越来越多的新景观，形成了一个国际超级旅游城市，当然也是一个活力竞争力非常足的城市。平面布局有丰富的多样性，有拉德方斯新城，这个新城和奥斯曼的空间完全不一样。当时法国的总统曾经说过，我们巴黎人用不着到国外，也可以看到最现代化的城市结构。你看历史是最有代表性的。鲁迅说过："你是本地的，你是传承文化的，那你就是世界的。"这"一盘菜"可以请世界的人来观赏，因为你是本地的。

六、城市与自然组合的多样性

像我们这个地方，城市与自然的结合是非常容易的事情。如果是紧凑的住区，同时也是开放的自然田园化，中国人理想的城市"山水城市"就会实现。那么这个城市任何一个窗子打开，都可以找到景观。所以在明代的时候，一个被称为"东方莎士比亚"的美学家李渔就说

过"山水者，才情也"。他说一个人能够欣赏到山水美，他就具有才情。才情者，心中的山水也。如果一个规划师、一个城市建设者不具备这些才情，他的城市、建筑肯定跟周边的山水是冲突的，互相之间是对立的。

七、市民构成的多样性（包容性）

市民构成的多样性，就需要城市的包容性。竞争力来自谁，来自市民，而且要尊重市民中的草根创业者。新加坡的混合小区具有活力，这个小区是不同阶层、不同民族融合在一起的。但是巴黎就犯了一个错误，20世纪60年代非洲国家独立的时候，一大批会讲法语的非洲人涌进了巴黎，数量达到上百万。当时没有任何措施，急急忙忙地就把北非城完工。结果全部集中的是单一种族的人，现在矛盾不断。

单一廉租房社区的困境也在出现。美国在"二战"以后盖的普鲁伊特小区在当时是最好的，是得到规划学金奖的居住小区。这个居住小区由于是单一的人口居住，结果物业管理越来越差，后来被炸掉了。这都是我们应该汲取的历史教训。

再比如养老。养老到底是应该盖养老社区、养老城，还是在城市内部嵌入养老基地呢？年轻人应该和老年人混合，让老年人的历史智慧和年轻人的创新能力相互交流。

最后我们做一个小结：

第一，城市紧凑度正遭受机动化和功能分区分割的挑战，这个挑战越来越频繁。

第二，表面上看，紧凑度与多样性、宜居性之间存在矛盾，但"高度化"并不是有效的解决之道。我们在20世纪30年代曾经把巴黎高度化，但是没有人去执行这个愚蠢的方案。

第三，合理紧凑度＋开敞的自然田园风光，这是东方的城市保持紧凑度和多样性的必然。

第四，"多样性"是"君子和而不同"，"和"的目标是不同的建筑、不同的民族、不同的种类能够在一个社区共同的居住，相互之间能够交流。

在知识型时代，为什么紧凑的城市有竞争力呢？因为知识划分为两种，一种是显性的知识，是可以传播的；另一种是隐性的知识。所有的创新，80%以上是来自隐性知识的传播，所以我们需要面对面地交流。隐性的知识需要紧凑，需要人见面，需要讨论、争论才能激发创新。

第五，"多样性"的另一侧面是城市充沛的"弹性"。因为多样性提供了各种要素组合的机会，这就是城市的防灾、结构的调整。只有多样性的城市才能包容草根创业，也只有多样性才能容忍不同的风格在城市里面呈现，不同的思路在城市里面涌现，从而提升城市竞争力。

第六，无论是新的城市还是既有的城市，都应该从"紧凑""多样"这两个空间元素开始，再讨论历史文化的传承和周边山水的融合，然后达到城市"活力、宜居、安全、可持续"这四大要素的组合。这样的城市才是理想的，才能够传递给我们下一代。

第二辑　城乡协调发展

协调发展是有效推进城乡发展一体化的成功之路。各级政府应当研究借鉴国外的成功经验，把城市和乡村作为一个整体，通盘考虑、统筹谋划、一体设计，实行城乡总体规划、土地利用总体规划、产业布局总体规划等多规合一，切实解决规划上城乡脱节、重城市轻农村的问题。

宋晓梧

　　宋晓梧,中国经济改革研究基金会理事长、原国务院振兴东北地区等老工业基地领导小组办公室副主任,第十一届全国政协经济委员会委员,中国经济体制改革研究会顾问,曾任中国经济体制改革研究会会长。长期从事经济理论研究与改革的实践,在企业改革和劳动体制、社会保障体制改革方面撰写了一些有理论创新和应用价值的论著、文章。2000年,获得孙冶方经济学奖。

城镇化中的农民工

宋晓梧

非常高兴应邀参加第三届野三坡经济论坛。刚才几位专家学者对城市化问题发表了精彩的演讲，使我学到很多新的知识。现在讲提升城市竞争力，不少城市都在抢夺高端人才，放开户口、住房，各方面给专家学者以及博士、硕士毕业生优惠的落户条件，媒体称为"抢人大战"。但是野三坡论坛组委会给我的题目不是讲如何争抢高端人才，而是讲城市化中的农民工。我对农民工问题关注多年了，一直认为这是我国城市化过程中的重大问题，因此很高兴接受野三坡论坛组委会的邀请，谈谈我对农民工的一些看法，也希望得到与会各位专家、学者的批评指正。

我认为中国经济社会发展的重大失衡之一是工业化和城市化的失衡，这是前一阶段中国经济社会发展中的一个突出问题。（党的）十九大报告提出，现在社会的主要矛盾是人民群众日益增长的对于美好物质生活、文化生活的需求和不平衡、不充分发展之间的矛盾。发展不平衡表现在很多方面，当前工业化和城市化失衡是许多不平衡问题的根源。城镇化率从 2012 年以来有所提升，2012 年为 52.57%，2014 年为 54.77%，2017 年达到 58.52%，至今仍远远低于工业化率。农业产值在总产值中占比不到 6 个百分点，而剔除半年以上常住城镇的农

民工，户籍人口城镇化率 2017 年实际是 42.35%。

中国的城乡差别近年来有缩小的倾向，从最高的 3.3：1 下降到 2.7：1。但 2.7：1 在世界上仍然是很高的。从世界工业化的进程看，城市化的本质主要不是城市的高楼大厦、主题公园有多漂亮，而是城市吸纳农业剩余的劳动力有多少。面临新时期人民日益增长的物质文化需求与不平衡、不充分发展的社会主要矛盾，新型城市化、城乡统筹发展等，都应高度关注在城乡之间流动的大量农民工。

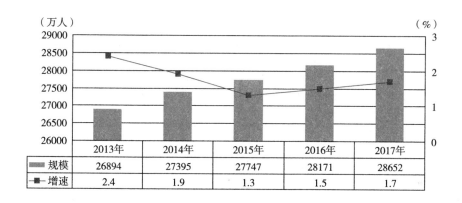

图 1　2013～2017 年全国农民工总量的统计情况

资料来源：《2013～2017 年国家统计局农民工监测调查报告》。

这是 2013 年到 2017 年全国农民工总量的统计情况，尽管农民工的增速大幅度下降了，但绝对数量仍然在增长。值得高度关注的是，随着城镇化进程的加快，农民工已经成为城镇就业的主力军。据人力资源与社会保障公报显示，2017 年农民工总量为 28652 万人，占城镇总就业人口的 67% 以上。还有一个数字也请大家关注，全国总工会去年做了一个调查，全国工会会员为 3.03 亿人，其中农民工会员为 1.4 亿人。这意味着在全国各类单位就业人员中，农民工占了约 50%，在全国城镇就业总人口中，将近 70% 是农民工。这样一种就业格局对于

中国的城市发展，对我国的经济社会发展究竟意味着什么？利大于弊还是弊大于利？在不同的经济社会发展阶段应当如何评价？

我曾经引用过中国社会科学院社会学所陆学艺老师十多年前的一项研究成果，他的报告提出了关于农民工7个70%的论断：全国建筑业和基础设施建设方面，70%用的是农民工；城市中从事苦、脏、累、险工作的，70%是农民工；各类工伤事故受害者中，70%是农民工；大中城市里，外来农民工70%住在城乡接合部；城市各类刑事案件中，有70%发生在城乡接合部；各类刑事案件涉案人员中，70%是农民工；刑事案件受害者中，70%是农民工及其家属。现在可以说农民工又增加了第8个70%，全国城镇总就业人口4.2亿，其中农民工2.8亿，农民工已接近城镇就业总量的70%。农民工达到如此巨大的规模，已经成为我国经济社会的重大问题，处理好了可以转化为新型城镇化的积极因素，处理不好是社会矛盾激发的潜在因素。

关于社会不稳定潜在因素，国家宏观经济研究院等多家研究报告在分析"十三五"及今后一个时期经济社会风险时，不约而同地指出要关注新生代农民工。老一代农民工进城，他们的参照系还是农村，尽管有人无视他们对城市化所做出的巨大贡献，如在苦脏累险、建筑施工等方面贡献了70%的劳动力，甚至歧视他们是低端人口，玷污了大都市富丽堂皇、红裳翠盖的市容，但是他们自己觉得比在农村种地收入还高一点，挣点钱回去还能盖个像样的房子，在乡亲面前还是挣了脸。但新生代农民工就大不一样了，他们多数人是在城镇长大的，有的一直上到初中，他们的参照系是城镇，许多人农活根本就没干过，也没有承包地、宅基地。那种认为城里有活就招农民工，城里没活农民工就回乡务农的观点，对上亿的新生代农民工完全失效。一项调查显示，38%的农民工认为自己就是所在城市的"本地人"，随着新生代农民工比重的增高，这种"本地人"认同感的比重也会增高，2017年比2016年就提高了2.4个百分点。因此，我们必须高度重视中美贸

易战对就业的影响，高度重视去产能对就业的影响，特别是对新生代农民工的影响。统计资料显示，1980年以后出生的新生代农民工首次占比过半成为农民工主体，2017年占全国农民工总量的50.5%。

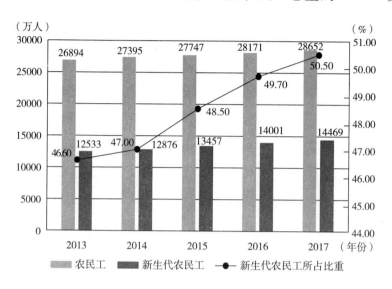

图2 新生代农民工所占比重

资料来源：根据《2013~2017年国家统计局农民工监测调查报告》整理。

在国家统计局农民工监测调查报告中，还有一段文字引人注目。报告说，受过高等教育的农民工比例显著提高，2017年大专及以上文化程度农民工所占比重达到10.3%。

表1 2016年和2017年的农民工的文化程度比重　　　　单位:%

	农民工合计		外出农民工		本地农民工	
	2016年	2017年	2016年	2017年	2016年	2017年
未上过学	1.0	1.0	0.7	0.7	1.3	1.3
小学	13.2	13.0	10.0	9.7	16.2	16.0
初中	59.4	58.6	60.2	58.8	58.6	58.5
高中	17.0	17.1	17.2	17.3	16.8	16.8
大专及以上	9.4	10.3	11.9	13.5	7.1	7.4

资料来源：《2013~2017年国家统计局农民工监测调查报告》。

初看这一数字感到很高兴，说明约 3000 万农民工的文化程度提高到大专及以上了，外出农民工的这一比重还达到了 13.5%。但细想一下，又隐隐觉得哪里不太妥当。为什么农民出身的受过大专以上文化程度教育的，当了工人后，身份还是农民工？农民出身的当了教授是不是叫农民教授？农民出身的当了干部是不是叫农民干部？农民出身的当了军人是不是叫农民军人？为什么农民出身的当工人就叫农民工？这类问题如果有人问我，我回答不了。还有人问，以今例古，当年安源煤矿工人罢工、二七铁路工人罢工是否应正名为农民工运动？我无言以对。

刚才吴敬琏教授指出，在投资不振、出口受制的情况下，我们把扩大消费作为拉动经济增长的主要途径，而且很多经济学者还把希望寄托在农民工身上。房子卖不出去希望农民工买，那是"刚性需求"，汽车卖不出去希望农民工买，那是"消费升级"。农民工也不负众望，真的在努力改善住房和出行条件。2017 年，进城农民工人均居住面积为 19.8 平方米，比上年提高 0.4 平方米，21.3% 的进城农民工拥有商用车或汽车，比上年提高 2.7 个百分点。但是，农民工不能正式成为市民，不能享有市民的公共服务和社会保障，这大大制约了他们的消费能力。

国家宏观经济研究院的一项研究说明，如果农民工按照城市居民消费模式进行消费，人均总消费额度将增长 27%。如果真正市民化了，就与城市居民消费倾向一样了。上星期在发展研究基金会组织的内部讨论中，李实教授介绍了中国收入分配研究院关于收入与消费关系的研究报告，在分析农民工收入与消费关系时，也得出了大体相同的结论。我接触过很多农民工，物业管理人员、搞装修的、收废品的、送桶装水的、开小饭馆洗衣店的人员，与城市居民相比，他们的消费意愿的确低得多。

正如吴敬琏老师强调指出的，提升农民工的消费水平不能停留在

学者的理论分析和主观愿望上，农民工有没有这样的消费能力呢？我们看两个方面，一个是农民工的工资收入，另一个是农民工的社会保障，这两个方面对他的消费能力和消费预期有什么影响。

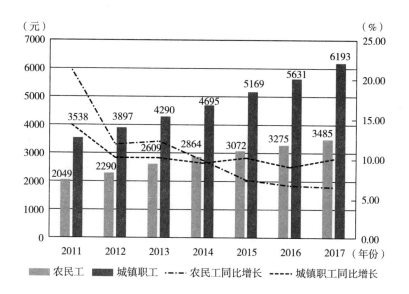

图 3　2011～2017 年农民工和城镇职工月平均收入

资料来源：根据《2011～2017 年度人力资源和社会保障事业发展统计公报》《2011～2017 年国家统计局农民工监测调查报告》整理。

2017 年农民工月平均收入为 3485 元，城镇职工月平均收入为 6193 元，农民工月平均收入仅占城镇职工月平均收入的 56%。十多年前研究农民工的时候，一些沿海城市的农民工只有当地城镇职工月均收入的 30% 左右，这几年应当说有较大的改善，主要得益于政府最低工资的提高和劳动力供求总量的变动。值得注意的是，农民工工资收入增长速度 2015 年后开始下降，低于城镇职工工资增长速度。更应当关注的是，2016 年拖欠农民工工资的比重为 0.84%，人均被拖欠工资有所上升，主要集中在建筑行业，引发大量的农民工劳动争议。近两年经济下滑，企业经营困难，所以拖欠农民工工资的问题又突出了。

我国国务院总理曾经亲自为农民工讨工资，世界上还有哪个国家的总理、首相为工人直接讨要过工资？因此不能说领导不重视，但十多年了，拖欠农民工工资的现象依然存在，我们不得不考虑一下，深层次的体制机制到底出了什么问题。

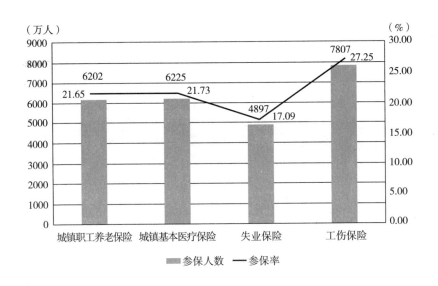

图4　2017年农民工参加社会保险的比例

资料来源：根据《2011～2017年度人力资源和社会保障事业发展统计公报》整理。

这是2017年农民工参加社会保险的比例，最高的工伤保险不到30%，参加职工基本养老保险和基本医疗保险的约为21%，参加失业保险的只有17%。在这种情况下，农民工收入相对较低，得到社会保障的预期也相对较低。让他们在城市的消费中起到很大的作用，可能期望过高了。2.8亿农民工，消费潜力不可低估，问题是如何把潜力变成现实。

在研究农民工问题的过程中，我们曾想进行一些国际案例比较，借鉴发达国家工业化过程中，工业、服务业是如何吸收消化农业剩余劳动力的，包括他们是如何解决农民工问题的。收集到的资料说明，

欧洲发达国家工业化过程中有大量移民，包括农业富余劳动力移民到美洲、澳大利亚、新西兰等，但没有出现过庞大的农民工群体。早期欧洲工业化国家可以把大量剩余劳动力输出国外，那么新兴工业化国家或地区呢？他们已经失去了大量移民的历史条件。新加坡作为一个城市国家不存在这个问题，日本、韩国从来没有农民工的概念。日本在1955～1975年的20年间，平均每年由农民转变成为市民的人口是72.5万人，相对日本的人口比例来说是相当高的，基本上完成了农业人口向城市人口的转移。日本没有户籍的行政分割，农村劳动力到城市工作满14天，有固定工作地点，就可以凭誊本在当地注册转变为市民。从农民转为城市居民，如果家中有学龄儿童，3天之内，必须到当地教育部门申报，由当地安排上学。我国的台湾地区，工业化过程中城乡差距始终没有超过2倍，一直在1.5倍左右，也没有农民工。印度和拉美一些发展中国家，大城市中有大面积的贫民窟，但没有大规模的农民工。考察国际劳工发展史，可以说，我国的农民工是在户籍制度行政分割城乡劳动力市场背景下，工业化和城镇化过程中的特殊产物。

如果说，农民工在前一阶段为我国成为世界加工厂提供了廉价的劳动力，从而为积累工业化所需的外汇、资金做出了独特的贡献，那么现在这一庞大群体的存在对社会经济的发展早已是弊大于利了。学者们曾经在"十一五"时期就提出了在"十二五"时期"让农民工成为历史"，然而到"十三五"中期了，农民工群体还在增长，新生代农民工就有1.5亿人左右，至今没有解决。农民工市民化进程相对迟缓，为我们的城市化进程投下了巨大阴影。

我国城市化面临着锦上添花与雪中送炭两类问题。我认为，加快农民工市民化进程是雪中送炭，而且从以人为本的角度出发，这是中国当前城市化的基础性建设。

第一，落实城乡居民平等就业权利。如果农民和城市居民没有平

等的就业权利，依然用户籍等行政手段割裂城乡劳动力市场，城市化进程永远会慢于工业化进程，前一段发生的问题就是在这样的背景下产生的。过去长期不承认农民和城市居民有同等的就业权利。20世纪80年代初搞企业劳动组织整顿，主要内容是清退农民工。直到20世纪90年代中期，为解决国有企业下岗职工就业，措施之一还是限制农民进城，让农民给城里人腾出工作岗位。21世纪以来，中央明确提出农民和城市居民有平等的就业机会，近几年歧视农民工的倾向有所扭转，但实际上仍存在严重的就业条件不平等问题。

第二，落实按劳分配原则。按说平等的就业权利就包括平等的获得劳动报酬的权利，但现在虽然允许农民工进城就业了，从事相同岗位的工作，工资却比城市职工低很多。目前农民工的工资水平总体较低，与城镇职工工资差距仍在拉大。随着农民工的消费不断增加，现有的工资水平不能够满足农民工改善生活、积累财富、促进发展的需要。农民工的工资大多是在劳动时间长、强度大、条件差的情况下获得的，付出的成本比较高。他们还有上千万留守儿童和年迈的双亲需要抚养。尤其是新生代农民工，相当多数就是在城市长大，他们不会再像父母那样，只要工资收入比农村高点就满足了。同工不同酬，将会埋下社会撕裂的种子，一有风吹草动，就可能会导致社会对抗。

第三，建立覆盖城乡全体居民的社会保障制度。近年来我国社会保障制度建设取得了广覆盖的巨大进步，随着居民基本养老保险和基本医疗保险的城乡并轨，从制度设计层面看实现了全覆盖。问题比较大的就是农民工群体。一些人主张针对农民工流动性强，又可以跨城乡流动，家里还有宅基地、承包地等不同于城镇职工的特点，为农民工单独设立一套社保制度。这有一定的道理，愿望也是好的，但其立足点是现在的城乡户籍分割与农村土地制度不变，结果是进一步把农民工与城市职工分割。我借这个发言的机会再次重申，搞任何强化农民工与城镇职工身份差别的社保制度都是方向性错误。当然，也可以

针对现存的实际问题，提出一些针对农民工流动性的社保转移接续政策，但不能另搞一套农民工社会保障制度。解决农民工社保问题的根本出路是尽快让他们融入城镇，其中大多数融入中小城市，成为城市职工。

第四，建立均等化的公共服务体系。基本公共服务，包括社会保障的水平现在农村和城市显然差距很大，义务教育、公共卫生、各项公共基础设施建设，城乡差距可以说有云泥之别。虽然不可能在短期内把这个水平拉平，但是要明确均等化的目标。国家对于不同群体提供的公共服务应该朝均等化的方向前进，逐步建立起城乡统一的、市民与农民公平享受的公共服务体制。这对于农民工进城落户还是回乡创业将提供一个更公平的选择平台。

第五，土地政策要有利于农民工市民化。农民工在城里干了30年，子女都成了新生代农民工，宅基地、承包地还在农村。农民工市民化进程不仅被户籍等行政手段阻碍，也被宅基地、承包地所拖累。可以说，户籍制度阻碍农民工，土地政策拖着农民工，同时高速工业化需要农民工，这是世界劳工史上出现如此庞大农民工群体的根本原因。（党的）十八届三中全会决定、（党的）十九大报告都对农村的土地制度改革提出了明确方向。深化农村土地政策改革的大方向是有利于农民工市民化的。在工业化的进程中，工业、服务业可以大量容纳农业剩余劳动力，农民在经济发展的自然进程中被城市吸收，被工业服务业吸收，离开土地，并不可怕，反而有利于城市化和工业化，也有利于农业现代化。那种认为只有把农民束缚在土地上，社会才能稳定的看法，大致符合小农经济的历史经验，却与当今的工业化、城市化步伐难以合拍。而且，农民工在农村有土地，可以"招之即来挥之即去"的判断，已被新生代农民工证伪。

促进城乡居民平等就业，实现同工同酬，合理分享社会保障，按均等化方向改革基本公共服务制度，按有利于农民工市民化的方向改

革农村土地制度，在"十三五"时期进一步做好这五个方面的工作，将有利于农民工的市民化，也有利于经济社会的平衡、持续发展。如果说我们前一阶段的城镇化是创造了 2.8 亿农民工的城镇化，那么在·"十三五"及今后一个时期，应该是农民工市民化的城镇化，离开了这一点，就谈不上以人为本的新型城镇化。

徐　林

徐林，国家发展和改革委员会城市和小城镇改革发展中心（中国城市和小城镇改革发展中心）主任。

1962 年 6 月出生于湖南长沙。1977 年被下放到湖南邵阳市洞口县当插队知青。恢复高考后考入湖南邵阳师专数学系，毕业后任教于邵阳地区教师进修学院。1986 年考入南开大学经济研究所数量经济专业，1989 年毕业获硕士学位并入职国家计划委员会长期规划司预测处。期间曾获美国政府汉弗莱奖学金，在美利坚大学学习；获新加坡政府李光耀奖学金，在新加坡国立大学李光耀公共政策学院和哈佛大学肯尼迪政府学院学习，获公共管理硕士学位。曾任国家发展和改革委员会财政金融司司长、发展规划司司长。曾参与中国经济社会发展多个五年计划的编制，参与区域发展规划和国家新型城市化规划、国家产业政策的制定等。

中国需要深度推进城市化的制度改革

徐　林

　　我想提出一个深度城镇化的制度改革问题。

　　首先从中国目前增长的经济下行压力说起。最近我们做了一个分析，中国的劳动力数量在减少，劳动年龄人口每年减少二三百万，劳动力供求关系发生了变化。在这个过程中，我们还发现一个有意思的现象，就是中国过去5年的劳动生产率增速也在下降。在过去20年当中，中国劳动生产率的年均增速是9.3%，但在过去5年这个增速下降到了只有6.8%，导致劳动生产率增速下降的原因很多也很复杂，在此不做详细分析。

　　根据我们对中国劳动力的数量、就业率、劳动参与率等一些因素变化所做的预测，未来5～10年，如果劳动生产率增速与过去5年相比不变，中国的年均经济增长速度将会下降到5.8%左右甚至更低一些。那么，如果要保持经济增长速度不过分下滑，一个重要的出路就是要提高劳动生产率。怎么提高劳动生产率？有人说可以更多地通过创新驱动、产业升级来提高产业的附加值来实现，这毫无疑问是正确的，但实现上述变化并不容易。中国还有一条出路，就是进一步改善劳动力资源的整体配置效率。这种效率如何提高？就是要进一步推进农业劳动力或者农村人口向非农产业转移，向城市地区转移、就业和

居住。

为什么这么做有利于提高劳动生产率呢？因为如果按中国三次产业的劳动生产率来分析，中国目前的农业劳动生产率在三次产业中是最低的，只相当于非农产业的1/4左右。所以，如果有更多的劳动力配置在非农产业就业，就会进一步提高整体劳动生产率，从而提高经济增长的速度。这就是我想说的进一步深度推进城市化。有人可能会问，深度推进城市化的含义到底是什么？深度城市化就是要进一步推进城市或城镇常住人口的落户和市民化。这里面包括两层意思，第一是现有2.8亿在城市就业的农民工，那些已经稳定就业和具有落户意愿的人，应该让他们落户，同时让他们有权利把自己的家属特别是留守儿童也带到城市来。第二，中国现在还有大概八九千万的在城市间流动的有城市户口的人，这些人主要是从小城市到大城市去就业的人，他们很多人是受过高等教育的社会精英，但也没有就业所在地的户口，这样的人在北京有很多，他们是很不稳定的一个群体，因为没有户口生活很不方便，且抱怨很多。所以，对中国来说，如果长期有3亿多的就业群体因为没有就业所在地的户口而处于一种不稳定状态，也不能享受与户籍居民同等的公共服务，那这个社会怎么会稳定呢？我觉得这个社会是不稳定甚至是脆弱的。

这样做还有一个很大的好处，就是可以大大提高劳动力供给的稳定性。过去黄奇帆在重庆当市长时做了很好的尝试，给我们带来了很大的启示。重庆解决了300万进城农民工的落户问题，这一改变对重庆制造业发展所需要的劳动力稳定供给起到了一个非常稳定的支撑作用。

既然深度城镇化就是要推进进城农民工和在城市间流动就业的那些人落户、享受公平的公共服务，那么应该做哪些制度化的改革呢？

第一就是公共服务均等化改革。我们过去谈的是常住人口的基本公共服务均等化，我觉得这是不够的。因为任何一个在城市就业的人，

他对就业所在地所做的经济和财政贡献与有户籍的本地城市居民是完全一样的，有的贡献甚至更大。所以，他们不应该在城市公共服务上受到任何差异性的歧视性待遇。

第二是农村土地制度的改革。农村土地制度改革已经有了很多尝试和争论，我觉得关键是要解决以下两大难题：一是使得农村土地的制度可以在稳定保证粮食安全的足够数量基础上，使农村土地特别是耕地的使用能够更加符合高效的原则，让种地有利可图。如果种地不挣钱没有人会愿意去种地了，没有人种地就不会有粮食安全，所以必须解决这个问题。二是使得退出农民队伍进城的农民工的土地财产权特别是宅基地财产权可以有退出变现获利的渠道，或者有长期利益分享的制度安排。这样可以使进城农民工的农村土地财产权有一个稳定的受益制度安排。

第三是城市治理要开放包容。中国很多大城市特别是特大城市为了减少城市治理难题，目前采取的是赶人的粗暴办法，这是不对的。对一个城市而言，不管城市多么高端，它都需要不同层次的城市居民之间的协作，才能确保城市的合理运作，这样的城市才会有效率和竞争力。比如说，纽约高不高端？纽约当然很高端，但是纽约也有很多低层次劳动力在为城市服务，为城市高端人才服务。最近我看到一个材料，介绍纽约市政府在改造城市地下空间，把原来不符合安全标准的地下室进行改造，改造后的地下室可以出租给低收入劳动者去使用。我觉得中国城市也应该学纽约的做法，而不是简单地把住在所谓有安全隐患的地下室的低端劳动力赶出来。

第四是将更多的公共资源用于城市居民而不是基础设施投资。随着越来越多的人进入城市，享受原来的城市居民享受的公共服务，毫无疑问会增加城市政府和财政的压力。城市政府有能力给这些人提供足够多的公共服务吗？重庆经验告诉我们，这是可以的。我个人认为，只要把城市公共资源的配置做一些改进优化，减少没必要的锦上添花

的基建投入和一些部门的专项转移支付投入，就一定会腾出更多的钱用于城市居民的公共福利。

最后就是要采取科学合理的城市开发模式。中国城市特别是城市新区的开发模式都应该更加集约化。现在很多城市和新区规划面积非常大，规划面积比原有城市上百年形成的建成区还大。但是，他们花了大量的钱搞基础设施，最后开发面积过大，形不成密度，聚集不了产业和人口，所以商业也发展不了，产生不了足够的现金流偿还债务。这样的城市开发模式如果不改进的话，不仅会增加城市的财务和债务负担，还会进一步减少城市政府投入更多的公共服务资源更好地服务居民的意愿和动机。

文贯中

    文贯中教授，美国芝加哥大学经济系博士。2017 年 6 月 30 日退休前，任职于美国三一学院经济系，并在国际研究系兼职。

    现任上海财经大学高级研究院农业与城乡协调发展研究中心主任，清华大学政治经济学研究中心特邀教授，复旦大学经济思想与经济史研究所高级研究员，并先后出任包括《中国经济季刊》《中国经济评论》《中国经济学前沿》等多家中英文出版物在内的编委或共同主编。

要素市场的发育滞后与
城乡二元结合的固化

文贯中

各位领导，各位新、老朋友，大家好！谢谢大会邀请。这是我第一次参加。很庆幸，不但碰到了很多老朋友，还结识了很多新朋友。有些同行刚才谈了很多值得我们大家关心的问题，例如农民工、土地政策、城市化等。

我发言的中心论点是，当一个传统社会向现代社会转型时，如果要避免城乡收入差距恶化，社会结构和经济结构必须同步变化。中国在经济结构上变化非常快。农业在 GDP 当中的比重已经下降到 10% 以下，第二、第三产业的比重已经上升到 90% 以上。社会结构这个概念，我主要用来指在各个产业中谋生的人口在总人口当中的相对比例。我们知道，如果在某一个产业中谋生的人群在总人口中的比重比较高，却只能获得 GDP 的较小部分，从基尼系数的计算方法知道，这个社会的收入分配一定是比较不公平的。

中国的现实正好如此。农村人口在总人口中仍占 40% 多。如果把农民工也算进来的话，持农村户口的人口占总人口的比重在 60% 以上。这是因为农民工约有 3 亿人，占总人口的比重大约是 20%。即使假设他们每人能得到全国的平均 GDP，那么农民工得到 GDP 的 20%

（这其实是大大高估了他们的份额）。由于农业只创造 GDP 的 10% 不到，所以农民和农民工两者获得的 GDP 加起来只占 GDP 比重的 30% 不到，但是他们的人口占了总人口的百分之六十几。这就是为什么中国的收入分配，特别是城乡收入差一直很不好，根本的原因在于社会结构的变化，即真正在城市里落户的人口在总人口中的比重远远落后于经济结构的变化，使两者的比例失衡了。

虽然许多发展中国家的人均收入比中国低，但是，它们的城市化率却要高出中国很多。由此看到，以中国的经济结构衡量，中国的城市化率甚至落后于许多经济结构不如中国现代化的发展中国家。这显示了中国的社会结构变化显著落后于中国的经济结构的变化。

以经济结构的变化衡量，40 年以来，中国的确是取得了伟大的成就。但是，必须指出的是，在这种模式下，社会结构的转型远远滞后于经济结构的转型，城乡二元结构顽强地存在。更严重的是，这种二元结构现在又从农村延伸，进入了城市。具体的表现是，虽然农民工在城市生活和建设中扮演着重要角色，但是他们在享受公民权利方面，和拥有城市户籍的市民有明显差别。

与中国仅仅一海之隔，和中国模式对应的是，出现了东亚模式。东亚模式之下的经济体，既有高速增长，又有收入分配的相对平均。这是为什么世界银行把这些经济体评为优等生，称之为真正的经济奇迹。按照世行的标准，真正的经济奇迹应该是两维的，一维是收入分配，另一维是高速增长。

东亚模式好在能兼顾两者，而这是极为不易做到的。

为什么这些经济体能创造这样的真正的经济奇迹呢？原因在于它们采用了两个制度：第一，它们的户口制度并不能使城市当局合法地排斥农民。相反，它们的户口制度允许农民自由进城定居。要特别强调的是，在东亚经济体中，不但允许农民进城，而且允许他们定居，允许家属团聚，允许他们的小孩能够跟着家长成长。

第二，就是土地制度。东亚模式下的各经济体当时也搞了土改。土改的开始和结束时间跟中国差不多。但是，土改后，这些经济体坚持允许土地私有，允许土地自由买卖。允许土地私有和自由买卖就构成它们的第二个制度特点。这两个制度的推行使生产要素能自由流动、自由组合，暗合市场经济的内在要求。

由此来看，中国尽管取得了伟大成就，但是跟东亚模式之下的经济体相比，其实有很多值得改进的地方。发展中国家普遍存在城乡二元性。对绝大部分的发展中国家，这种城乡二元结构仅仅是经济发展的阶段性问题，即在一段时期中，落后的农村与先进的城市并存的问题。

中国的城乡二元结构则更为复杂，更具特殊性。因为存在上面提到过的两个制度，即限制农民在城市落户定居的户籍制度和不允许土地私有的土地制度，中国的城乡二元结构首先表现为制度性的二元性。由于这种制度性的二元结构的存在，本来应该是阶段性的，随着经济结构的变化会自然而然消失的城乡二元结构在中国变得极为顽固，甚至以农民工的形式又从农村向城市蔓延。

东亚取得城乡二元结构的瓦解，实现城乡一元化，大体用了30年左右的时间（20世纪60年代初到20世纪90年代初）。反观中国大陆，若从1949年算起，差不多已经70年过去了。即使从1978年改革开放算起，也将近40年过去了，农村里却主要留下老弱病残妇和几千万的留守儿童。城市里的农民工由于没有当地的户籍，在城里也是二等公民。

这里很重要的一个问题是，究竟应该按什么样的顺序来决定农民中谁应该首先进城，谁应该最后留下来呢？在有土地市场跟劳动市场的情况下，这个顺序是由市场决定的。这是刘易斯模型的预言能够成立所必需的制度前提。在存在土地和劳动市场的前提下，一定是最低效，或者最没有务农意愿的那些人首先进城。生产力比较高的农民，

他们的劳动收入自然会比较高。在土地可以自由买卖的制度环境下，土地市场和劳动市场就会把生产力比较低的农民从农业中淘汰出去。这个正淘汰过程只能发生在存在要素市场的地方。

由此可以看出，要抵达刘易斯拐点，必须要有土地市场和劳动市场的存在。但是中国并不相信土地市场和劳动市场，而是相信政府能更好地解决这一问题。政府通过户籍制度和禁止土地自由买卖的土地集体所有制这些行政控制措施来配置土地和劳动。几十年以后却发现，农村里留下的主要是老弱病残妇以及留守儿童，刘易斯预言的，最后会剩下生产力非常高、劳动边际产品和城市已经没有差别的农业劳动，使得农村的人均收入和城市的人均收入弥合的结果并没有出现。

我想指出的是，只要实行中国的土地制度和户口制度，你一定会产生和刘易斯预言相反的结果。我们可以把刘易斯模型中吸收农村剩余劳动力的顺序称为市场顺序。这个市场顺序要求劳动生产力最低的那些人先开始进城，然后轮到次高的人再进城。按照这个顺序，最后生产力最高的那些农民和城市相差无几，因而会自愿地留下，成为农业企业家。这个顺序的产生必须经过要素市场上的激烈竞争。但中国的劳动市场是扭曲的（由于存在户籍制度），而土地市场实际上是不存在的。结果就出现了农村成为老弱病残妇和留守儿童的滞留地。

仔细想一下，出现这种结果不奇怪。你是凭你的农村户口，凭你的农村集体成员权，而不是凭你使用土地的效率，获得土地的。而且，在这种土地分配的制度下，再能干的农民也不可能获得比别人更多的土地。因而对每一家来说，最优的安排是把老弱病残妇，甚至小孩儿，留在农村，以便获得土地。其余的青壮年劳力进城打工。可是，这对每一家来说虽然是最优的选择，但是对一个农地十分稀缺的民族来说，这是一个最次的选择，因为留下的人正好是农业生产力最不高的人。

更麻烦的是，中国现在面临着产业升级。制造业正向资本密集型产业升级。以后如何吸收这么大量的老弱病残妇呢？这是一个很严重

的问题。刚才宋晓梧先生讲，以后中国会碰到很严重的问题，我觉得这就是一个严重问题。

在过去40年，中国碰到了百年不遇的良好机会，世界特别是美国市场向中国开放，发达国家的制造业向中国转移，中国大量的劳动密集型产品获得出口机会，创造了巨额的外汇顺差。本来这是吸收农村剩余劳动力的最好的时机。但是，由于没有及时地取消户籍制度，将近3亿的农民工虽然进了城，他们仍然不被允许落户、定居。从长期来说，这会构成一股社会的不稳定力量。

我觉得东亚模式和中国模式最大的差别在于，东亚模式坚持要素可以私有，可以自由流动，把土地和劳动力在城乡之间的配置留给市场去决定。中国的土地制度规定农村土地为集体所有，却不准农村集体之间自由买卖农田。

第一，农村集体也不准向城里人出售自己的宅基地。很多城里人，老了之后愿意到农村居住，城市里面的房子就可以空出来给农民工或者小白领住。可是政府不允许城里人随便购买农民的宅基地。

第二，现在存在很多像鬼城一样的地方，例如一些新城区，一些工业园区，那里的基础设施十分现代化，有大马路、大公园、大广场，就是没人气。同时，又存在许多人满为患，商机无限的城中村。有些城中村紧挨着高楼大厦，构成鲜明的对比。

但是，城中村如果按照目前的土地制度细究起来是非法的，尽管城中村解决了几亿农民工的居住问题。

由以上分析，可以看出，1978年到现在，不但城乡二元结构没有被消解，还得到了固化，并进一步延伸到了城市里面，出现了城市内部的二元结构。

我想强调指出，城市化至少应该是两维的。如果只有城市化，忽视基础设施的改善，就容易出现贫民窟蔓延的局面。反之，如果只有城市化的自我现代化，拒绝吸收外来的农村人口，就容易出现鬼城和

空城，尽管那里的基础设施非常完善。

中国的城市往往专注于自我现代化，一方面用户口和高房价把一些人排挤出去，另一方面城市被打造得越来越现代化，越来越富丽堂皇。这种做法其实只是实现了城市的自我现代化，而不是城市化。城市化唯一的定义不是土地的城市化，而是人的城市化，首先是农村人口的城市化。

有的城市也许在吸收小城市的人口，例如北京、上海。严格来说，这样做，并没有提高全国的城市化率，只是把城市人口加以重新分布。所以，如果中国的城市化变成了城市的自我现代化，中国的城市化是无法成功的。

世界上有城市化做得比较快，但城市的自我现代化做得不好，因而贫民窟比较多的国家，例如巴西。我们当然不希望贫民窟四处蔓延。所以，比较可持续的发展是在城市自我现代化和城市化之间保持适当的平衡。东亚的几个经济体这方面就做得比较好，既没有产生大规模的贫民窟，又没有人为地阻碍农民进城定居的速度。随着农业在 GDP 当中的比例下降，那里的农村人口的比例也随之下降，几乎是同步的。由于经济结构和社会结构在转型时做到同步，城乡差距即使在经济高速增长时期也没有显著恶化。而这一点正是中国经济高速增长时期所面临的最大问题之一。

可见，使农村人口整体上升为中等收入阶层的最有效途径就是内生性的城市化。所以，中国特别要注意，不能只搞城市的自我现代化。北京、上海这些特大城市现在尤其存在这种不良倾向，嫌农民工太脏、太乱，嫌他们影响了自己城市的国际形象。如果这种不良倾向不纠正，中国就谈不上是在搞城市化，只是在搞城市的自我现代化而已。只要有百分之六十几的农民和农民工因为制度的障碍而不能公平地分享经济发展的成果，经济发展就不可持续。所以，城市化和城市自我现代化两边的平衡都必须注意。

　　总之，中国的城乡二元结构和一般发展中国家的城乡二元结构有根本的区别。中国的城乡二元结构首先是制度性的，其次，才是城乡经济发展程度上的不同。刘易斯在构筑模型时考虑的是一般的市场经济制度下的发展中经济。因而，一点不奇怪，40年来，实现刘易斯模型的预言所需的其他条件在中国都具备了，例如，由于世界市场上对中国的劳动密集型产品的需求十分强劲，使中国的劳动密集型制造业高速发展，带动中国的城市化快速发展，加上解散人民公社，实行分田单干后，农业生产效率显著提高，使农业剩余劳动力向城市部门的转移变得可能。但是，刘易斯所预言的，几十年后，农业最后将只留下少而精，效率高，土地经营规模大的现代农场却并没有在中国实现。相反，在所有这些有利于刘易斯预言充分实现的各种梦寐以求的条件同时出现的大好环境下，因为中国特有的户口和土地制度因素，40年后，中国的农村成了老弱病残妇和留守儿童的滞留地，农业失去了国际竞争力，每家每户经营的土地狭小而零碎。这一切和刘易斯的预言如此相反，很明显，那种认为中国已经抵达刘易斯拐点的论断是经不起推敲的。

　　这说明，由于目前的土地制度、户籍制度和化地不化人，追求城市自我现代化的城市化模式的影响，不但城乡二元结构在日益固化，而且以农民工和城中村的形式，在城市内部又发展出新的二元结构。

刘世锦

刘世锦，野三坡中国经济论坛主席，国务院发展研究中心原副主任，全国政协财经委员会副主任，中国发展研究基金会副理事长。

曾多次获得全国性学术奖励，包括第四届孙冶方经济科学优秀论文奖、中国社会科学院优秀论文奖、中国发展研究一等奖等。

长期以来致力于经济理论和政策问题研究，主要涉及企业改革、经济制度变迁、宏观经济政策、产业发展与政策等领域。先后在《经济研究》《管理世界》《人民日报》《经济日报》《中国经济时报》等国内外刊物上发表学术论文及其他文章 200 余篇，独著、合著、主编学术著作 10 余部，撰写了一系列内部研究报告。

打通要素通道是城乡协调发展的关键之举

刘世锦

中国的发展现在正面临着不少的挑战，比如说城市房价过高，乃至房地产泡沫，实体经济成本过高，农民进城难，进去以后住房更难，农民的财产性收入增长比较慢，我们如何推动小城镇建设，特别是（党的）十九大提出"乡村振兴"。目前还有一个供给侧的问题，以及如何稳增长、稳预期、发挥中国经济增长的新动能等一系列的问题。这些问题都和一项改革相关，与农村土地制度改革相关。农村土地制度改革怎么改？咱们都看过（党的）十八届三中全会文件，讲得很清楚，农村集体建设用地与国有土地同价同权同等入市，农民的宅基地也要创造条件能够流转，还有其他一些问题。

（党的）十八届三中全会这些精神落实得怎么样呢？应该说到目前为止还是比较迟的，没有达到预期成果，大家都不大满意。原因很多，其中一个重要的原因，是有一些流传已久但是已经落地的似是而非的说法。我把这些说法和大家讨论一下。我们需要在认识问题上解放思想、正本清源。

第一种说法是宅基地转让以后农民就拿钱去喝酒，一喝酒的话房子没了，到时候是要出大事的。这样一说的话还是挺吓人的，会影响

到我们整个社会的稳定性。但是问题就是这个宅基地一卖完钱就拿去喝酒，这种人在农村有几个？比如保定市来的同志们，一个村里100个人里面有几个，我估计也就一两个或两三个吧，最多也没有10个。那么你说农村有这些人，城里面有这种人吗？城里也有，你不能因为那一两个或两三个人的问题，把那90多个人的利益都抹去，应该办的事就不办。我觉得这种说法，实际是对农民的智慧和理性低估或者藐视。

我曾经见过一个县委书记，他说他在农村工作这么多年，最深刻的体会是农民一个个都聪明得很，个个都是经济学家。不要低估农民的智慧，我们有时候说土地一定要保护，为什么？说是农民的社会保障，如果在城里面待不下去了还有一块地在那里。这在过去来讲可能是对的，但是现在已经发生很大变化。刚才宋晓梧主任有一个数据，我们现在"80后"的农民工已经占到70%，他们还能再回到农村吗？很难了。

另外中国的改革搞到现在，你还要靠一块土地给农民来搞社保吗？我们能不能建立现代的社会保障制度来解决保障问题，并把土地的流转解放出来。

第二种说法是农村市场和土地市场不能转让，宅基地也不能转让，为什么呢？我们要保护农民的利益。这个说法听起来动机还是好的，但是有一个问题，在市场经济下，特别是在大都市圈的范围，农民的土地，如果不让流转、不让交易，它到底值多少钱你知道吗？它的价值是多少你知道吗？农民的利益是多少你都搞不清楚，还谈什么保护？所以我们口口声声要保护农民利益可能就是损害了农民利益。

第三种说法是小产权房未经批准，不符合规划。小产权房这是一个永远的问题，但是也是一个广泛存在的事实。小产权房未经批准不符合规划，说得没错，确实，小产权房是没有经过规划的，很多是有安全隐患的。问题在什么地方呢？用当初的话说是小产权房根本不允

许他盖，哪有规划，能进入规划吗？根本就不可能。但是我们现在有一个更加起点性的问题，农民在集体所有的土地上，或者说在属于自己的土地上有没有盖房的权利？过去是剥夺了他这个权利，改革改到现在，这个权利他应该有还是没有？如果你认为他有这个权利的话，当然规划也是必要的。

第四种说法是城市工商资本下乡会掠夺农民。这种案例也有，但是资本或资金到一些地方是会出问题的，不仅是到农村，到城市里出的问题更多。我们现在城市的房地产泡沫，也就是钱去了和资金去了以后把价格推高了。那些资金的钱有什么罪啊？是背后体制机制和政策有问题。另外我们现在讲城镇发展和讲农村振兴，城里面的资金、外地的资金如果不到农村去，能够变成钱吗？

第五种说法是城市资金、人员到农村去，不能够保证粮食安全。当然，我们要肯定粮食安全是重要的，特别是基本口粮，这个饭碗还要捧在中国人手里。但是问题是怎么实现这个目标呢？你需要一个有效率的、有竞争力的农业，还是一个依赖大量国家补贴、低效率、缺少竞争力的农业？我们特别需要汲取欧洲、日本过度保护农业，形成利益集团，在国际竞争中长期处于被动的教训。还有一个基本问题我们要回答，在农业和农村，我们所提供的市场在资源配置中起决定性作用，市场在农业和农村的发展中是不是能够起到或者应该不应该起决定性作用。

所以现在返回来说，我们现在需要认真地思考一个问题，（党的）十九大提出我们要满足人民群众日益增长的对美好生活的需要，那么现在人民群众的需要是什么呢？一方面农民想进城，另一方面城里面的人也想下乡。现在一个大城镇、大都市圈的发展，小城镇的发展，包括乡村振兴，很多人也愿意去。

这里我们要回答一个问题，城乡实质上不一样，城市和乡村都要分享现代化的生产和生活方式。下一步，城市和农村都会出现结构性

的分化。你看现在城市一方面是大都市圈的发展，部分城市在衰落。农村大家要注意，有一部分农村将来会看不见，但是一定有一部分农村将来会成长为小城镇甚至大城镇，有些乡村也可以繁荣起来。我们现在从振兴乡村来讲，将来既可以搞农业，一、二、三产业都应该搞，这个过程是符合市场选择的一个过程，规划要顺应市场要求。

这么一个前景，体制上有什么要求，我们现在所面临的体制障碍要不要打破？这就要求城乡之间打通土地、资金、人员等要素通道，允许相互流动，优化配置资源。具体来讲，我们能不能在农村集体土地入市、宅基地流转、小产权房给出路、城市人下乡置业创业等方面开口子，并有大的突破，这是我们下一步供给侧结构性改革的重要任务。这方面的改革是否需要出台新的文件呢？我以为可以不出台，关键是把中央已经出台的十八届三中、五中全会和十九大文件中的有关内容、要求落实到位就可以了。

这项改革会带来什么好处呢？降低城市房价；降低城市营商成本，特别是实体经济成本；增加农民收入，特别是财产收入；加快小城镇发展，促进乡村振兴；拓展房地产的合理增长潜力。这是今后相当长一个时期最具潜力的增长领域，有利于稳预期、稳增长。

如何改革？改革就是创新，就面临着不确定性，是一个试错的过程。比如我们现在面对一条大河，下面有五块石头，你现在不知道在哪儿，划成100个方格试100次，95次的出错有5次的成功，这是一个过程。你是让1个人试呢？或是让10个人试呢？还是让100个人试呢？试的人越多就会降低试错成本。

另外我们在不同的时期会面临不同的难题，80年代有80年代的问题，90年代有90年代的问题，现在有现在的问题。如何打通城乡要素通道，这个过程一定是曲折的，我讲几个观点。

我们需要有顶层设计。顶层设计解决什么问题呢？解决以下两个问题，第一是指方向，往东还是往西，方向不一样。第二是划底线，

什么事不能干，什么事要避开。在这个前提下有很大的空间，比如说怎么解决中国的问题，怎么解决河北的问题，怎么解决保定的问题，怎么解决野三坡的问题。要在大方向明确的前提下，允许地方基层有较大的"自选动作"空间，允许有个性、有差别，允许试错纠错，在竞争中发现和推广好的做法和政策。

　　谢谢大家！

第三辑　优化城市营商环境

营商环境是城市经济发展的关键条件，也是提高城市竞争力的核心要素。在中国经济发展的新阶段，如何营造良好的环境，提高对各种创业创新活动的吸引力？如何改革体制机制，才能形成有竞争力的营商环境？有哪些国际经验值得借鉴呢？

袁喜禄

　　袁喜禄，1986 年毕业于南京大学地理系城市区域规划专业，1989 年中科院地理所研究生毕业后进入国家发改委国土规划研究所，之后长期在国家发改委发展规划司工作。主要从事发展战略和中长期规划的研究制定，先后参加了国家"十五"城镇化专项规划、《"十五"规划纲要》《"十一五"规划纲要》《"十二五"规划纲要》和《全国主体功能区规划》的编制，并承担"多规合一"、资源环境承载能力监测预警机制等改革方案研究。2014 年调入国家工商总局综合司任司长，主要从事市场监管的政策性研究，负责编制国务院"十三五"重点专项规划——《"十三五"市场监管规划》。

提升城市竞争力的几点认识

袁喜禄

上午各位专家、领导做了非常精彩的演讲，下午由我来和大家分享几点认识。市场监管总局是政府机构改革新组建的单位，重要职责是维护市场秩序、维护市场公平竞争。习近平总书记2018年在海南博鳌亚洲论坛讲话，提到两个机构改革，一个是市场监督管理总局，另一个是国家知识产权局，充分表明在发展市场经济进程中市场监管的重要作用。

提升城市竞争力是非常重要的问题。我们一直思考，影响城市竞争力的关键因素是什么？我理解最主要的还是市场的活力、创造力。那么衡量市场活力的标准是什么？应该是企业的繁荣发展，这是市场活力的重要体现，是城市竞争力的重要体现。我们会问，这几年的改革，哪些改革对企业发展起到非常重要的促进作用？回顾这几年的改革，很重要的是商事制度改革发挥了重要作用，成为改善营商环境的重要突破口。进一步优化营商环境，提高城市竞争力，今后的关键还是要依靠改革和创新。

第一，提升城市竞争力，关键是要激发市场的活力、市场的创造力。改革开放40年的一条成功经验，就是充分发挥市场的力量，充分发挥市场机制的作用，充分释放我国经济蕴藏的巨大潜力。城市的发

展、城市的竞争同样。

在发展市场经济进程中，没有市场活力的城市，就不会有真正的竞争力。回顾这么多年改革开放以来一些城市发展的变迁，有些区域、有些城市的竞争力其实在减弱，原因大家也（有）分析，关键是市场化改革滞后，仍受传统体制的影响束缚。

我们说深圳是最具创新力、最有竞争力的城市。过去我们经常比较，比如说科研院所、大学，深圳都不是最多的，包括国企、央企，最初的跨国公司，深圳都不是最多的。但是经过这么多年的发展，深圳大量的创新型企业蓬勃发展，深圳的创新经济发展起来了。前几年我到深圳调研创新经济一星期时间，很多企业座谈过程中都说，我们的发展不是政府扶持优惠的结果，是市场竞争、优胜劣汰的结果。深圳的企业家很明确，我们都是草根公司，不创新就得死，就这么简单。所以说，深圳的成功是改革开放的成功，也是市场机制的成功。

市场机制是经济高效运行的重要基础，基础性的机制不健全，许多经济政策难以有效发挥作用。目前，许多政策困境，关键在于缺乏政策实施的基础性机制。举一个例子，这几年大家都关注创新，关注城市竞争力，但往往忽视基础。全球创新指数报告把创新政策分为四层金字塔，顶层是技术创新政策，第二层是要素投入政策，再就是投资贸易税收政策，底层是市场环境政策。他们认为，很多国家往往把注意力集中于金字塔尖的措施，技术创新政策，因为在政治上最容易实施，但却忽视了塔基，即市场环境政策。但塔基的政策是基础性的，不仅见效慢，还要挑战既得利益，推行起来相当困难。但是，没有哪个国家能够抛开构建坚固的塔基而获得预期的创新目标。塔基这种市场环境政策主要包括法制、竞争的市场、知识产权保护、信用体系，这是市场经济推动创新的一个非常重要的基础。

第二，企业的繁荣发展是市场活力和创造力的标志，也是城市竞争力的重要体制。道理也很简单，企业是创造就业、创造财富的源泉，

是市场竞争的主体。改革开放以来，我们衡量一个城市、一个地区的经济实力、市场竞争力，主要是看投资经商的人有多少、开办企业的数量有多少。许多城市在市场竞争中脱颖而出，关键在于大量的企业集聚，形成密集的产业集群。

国际经验也表明，一个国家、一个地区新设立公司的便捷程度、新设立公司的数量多少，是创新活力的一个重要标志，是经济繁荣程度的重要标志。

几年前美国有一个研究，初创公司占美国企业的比重在下降，表明网络泡沫后创新能力在减弱。20 世纪 70 年代末时，全美 15% 的企业都是初创公司。但到 2011 年，初创公司所占比重下降至 8%。德国有一个研究，说近年德国的创业势头不如以往，具有创业热情的人们正在减少。用一个数字，2014 年德国新成立的公司数 56.1 万（家），比 2013 年少 2.5 万（家），但比创业风潮顶峰的 2004 年少 22.1 万（家）。因为新技术、新产业、新业态的发展，必须有大量新的创业者、新的企业涌入市场，在科技变革、经济转型过程中更是如此。

第三，近年商事制度改革，促进了市场主体的较快增长，成为改善营商环境的重要突破口。世行的《营商环境报告》是对中小企业监管规则、监管环境的评估，是通过开办企业时间、成本等 11 项指标，评估企业生命周期全过程中的营商环境。它的目的是什么呢？是为各国政府推动改革、改进监管提供参照。

过去，我国经济活力不足、创新乏力，其实很重要的原因在于传统的管理模式，对微观市场主体的行政审批过多、行政干预过多，限制了投资创业热情，成为阻碍发展的一大障碍。

这几年通过商事制度改革，"多证合一""证照分离"等，其实本质来讲还是减少政府行政审批，化解开办企业的准入难、门槛高、环节多、效率低、期限长等问题，降低投资创业的制度性成本。我们这几年一直按照国务院"放管服"改革的要求，推进商事制度改革。过

去大家都认为商事改革、开办企业好像是一个小改革，但是这么多年实践下来，商事制度确实是一个市场经济的基础性制度性建设。

同时，改革的宏观效应不断扩大，成为改革行政审批制度的重要切入点，也成为改善营商环境的重要突破口。我们国家从 2013～2017 年，营商环境的世界排名提高了 18 位，其中开办企业便利度上升了 65 位。新设企业从改革前每天是 0.69 万户，现在提高到上半年是日均 1.8 万户。商事制度改革以来，我国新增市场主体占总量的 70% 多。通过几年的改革，整个市场主体是一个更新换代的过程。大量市场主体的繁荣发展，这是我们国家创业创新的重要动力，也成为创业创新的风向标，为稳定就业、推动新旧动能转换发挥重要作用。前几天，李克强总理到市场监督总局考察，高度评价商事制度改革，通过改革形成一个巨大的改革宏观效应。

第四，进一步优化营商环境，基本逻辑还是要加大管制改革力度，加强市场监管创新。优化营商环境，提升城市竞争力，首先得让大量的企业、创新者、创业者进入市场。过去进入门槛很高，不让大家来投资经商，市场经济不可能繁荣。大家说运动场要有竞争，首先得有运动员。所以进一步简化行政审批，激发市场的活力，这对营商环境非常重要。另一个维度讲，大量的企业进入市场，我们就要维护一个公平的市场竞争环境。强调改革管制、要放开放活，不是政府无所作为，政府的更重要职责就是政府职能的转型，要更好地发挥市场监管的功能。

一是要加大改革力度，减少各类审批和准入限制，进一步打开投资创业的大门。投资便利，营商自由，这是作为公民的基本权利。许多发达国家除了少数特殊行业，很少有大量的政府审批和准入限制。目前我们这些方面还有很多准入的门槛，制度性成本依然较高。比如说，作为发展方向的服务业，以及作为最具活力的民营经济，其进入市场还是面临过多准入限制。总体上，我们开办企业的便利度虽然大

幅度提高，但整体营商环境在全球来讲还是处于中等水平，和我们第二大经济体的地位还不相适应。

加强政府的监管改革，是发达国家同样面临的问题。如英国市场监管改革，增加一项监管必须减少两项监管，这叫增一减二原则。这对发达国家来讲是挑战，对我们政府部门来讲有更高的要求，毕竟我们的文件太多，我们的监管更加烦琐。这是很多政府部门要改革的，包括我们看德国近年出台《去官僚主义法框架文件》及第一部《去官僚主义法》，其目的也是减少对企业不必要的监管，特别是对中小企业的监管。大家看世行的《营商环境报告》，不是针对大企业，它是针对中小企业，其实各国都一样，大企业进入市场有很多便利，但是对中小企业的监管，代表了一个普遍的制度性成本、制度性便利化的程度。怎么样为中小企业、民营经济发展创造更好的条件，这是营商环境改革需要加强的。

二是要加大市场监管创新，为企业发展营造公平竞争的市场环境，营造具有国际竞争力的营商环境。最近我们也做了很多分析，做了一些调研，现在有一个非常重要的趋势，就是倡导市场化改革，呼吁市场公平竞争，不需要政府的产业扶持、产业优惠。过去都是很多的著名专家学者，包括吴敬琏老先生，很早就倡导这种公平竞争的市场化改革。后来发展到我们企业家群体，特别是一些大公司、大集团的老总，李克强总理的很多座谈会上这些企业家明确表示公平的市场竞争环境更重要。现在发展到一批年轻创业者，这是一个非常重要的趋势。最近，央视军民融合"对话"节目，一位80年代出生的火箭发射公司的创业者明确表示，"我们是在市场经济中长大的一代人，是相信市场经济的一代人"，所以不需要所谓的央企老大哥来扶持帮助，只需要公平竞争的市场环境。

这种变化的趋势是非常重要的，相信市场，不再依赖政府的产业扶持、优惠补贴，这是我国企业走向成熟的重要标志，也是市场经济

走向成熟的重要趋势。通过一些大数据的分析，近年来企业对公平竞争环境的依赖度，远高于对产业优惠政策的依赖度。目前，仍出台一些指定企业、指定发展方向、政府优惠的政策，已不符合市场经济发展的方向。

政府部门的观念不能再滞后于市场经济的发展，滞后于企业家的期望，所以我们制定的一些政策，更应该符合市场化改革的大方向。这是做的一张图，企业对融资政策、竞争政策、产业政策、政府服务的依赖程度，下一步改革创新的难度也是非常大，希望我们政府部门继续努力。

谢谢大家！

张思平

张思平，深圳市委原常委、副市长。出版过多种经济学专著。

改革政府配置资源方式
发挥市场决定性作用

张恩平

谢谢马市长，谢谢韦教授，也感谢刚才做演讲的袁司长。

我认为，不管是提升城市竞争力，还是改善营商环境，从目前我国城市发展的阶段来看，最重要的是城市能够给企业创造一个公平竞争的市场环境，建立一个比较完善的市场机制。提升城市竞争力，改善营商环境，不仅仅是靠领导的重视、靠环境的整治，以及靠审批效率的提高，这些虽然都是重要的，但不是根本的，是不可持续的。深圳这些年来几乎没有在国内外招过商，但是大量的生产要素依靠市场的力量聚集在深圳，是深圳的公平的市场环境和完善的市场机制，造就了深圳的辉煌和巨大成就。

怎么样才能建立公平竞争的市场环境和完善的市场机制呢？我认为最重要的是处理好政府和市场的关系、国企和民企的关系。对此中央高度重视，在十八届三中全会上明确指出："要发挥市场配置资源的决定性作用。"国务院也多次提出，要简政放权，要割政府身上的肉，党中央国务院也发布了《关于创新政府配置资源方式的指导意见》。经过几年的发展，应当说我们取得了一些成绩，但我们是否做到了市场在资源配置中起到决定性作用了呢？我认为还要具体问题具体分析。

我借此机会，就改革政府配置资源方式，发挥市场决定性作用，讲以下三个方面的内容，即七种资源、四个判断、五项改革。

第一个是政府手中掌握着的对企业经营有重要影响的七种资源。

在计划经济条件下，政府掌握着经济社会发展的一切资源，国有企业是政府部门的附属物，政府通过对国有企业配置各种资源，以实现经济社会发展为目标，在这种体制下国企本质上成为政府配置资源的工具和载体，不可能成为市场竞争的主体。

改革开放40年来，随着我国社会主义市场经济体制的建立和逐步完善，政府对经济的管制逐步放松，政府手中掌握的资源配置的权力结构也在不断变化。一方面，与传统计划经济体制相比，政府直接分配资金、劳动力、生产资料等各种生产要素的权力在不断缩小，在这些领域中资源配置的市场化程度在不断提高，市场在配置资源中的作用在不断加大，与此相适应，国有企业也逐渐成为市场经济的主体，国有企业作为政府直接配置生产要素资源的工具载体作用也在弱化。另一方面，虽然政府手中直接掌握并通过国有企业这个平台和工具直接或间接配置的要素减少了，但政府权力结构和资源结构也随之变化，国有企业作为政府配置资源的工具的作用，以及政府通过资源配置对国有企业发挥的影响反而强化了。

现阶段政府手中掌握的对经济发展具有重要影响的行政资源、经济资源、自然资源和社会资源等，除了极少数通过市场机制配置外，绝大多数直接或间接地通过国有企业这个载体、平台和工具进行配置，国有企业仍然是很多领域政府配置资源的工具和载体，并没有像其他所有制企业一样，平等地从市场获得各种资源，并成为公平竞争的市场主体。

具体来说，从对国有企业经营发展有重要影响的角度来看，政府手中这些资源大体上可分为以下七大类。

一是具有网络性质的自然垄断资源。主要包括路网、供水网、电

网、管网、信息网、频谱等，这些垄断资源基本上由政府直接无偿用行政手段分配给国有企业，使国有企业处于独家垄断或寡头垄断地位，从而形成国有企业巨大的垄断利润，这些具有自然垄断性质的国有企业形成的超额的垄断利润，构成国企尤其是央企利润总额的相当大的比例。更为突出的是，这些国有企业不仅占据了某些自然垄断行业，而且还利用其垄断地位，将上下游产业链的关联产业、企业结合在一起，形成纵向、横向高度一体化的垄断大企业集团。

二是以土地开发利用为主体的自然资源。自然资源基本上属于国家所有，各级政府处于绝对垄断地位。在计划经济条件下，土地为国家所有，国有企业利用的土地基本上是行政划拨，没有价格和价值，不反映企业的成本和效率，并且在土地利用数量上基本上是充足的。此后，随着房地产价格的暴涨，土地成为影响企业发展和增加政府收入、促进地方经济增长的最重要的资源和要素。与使用权有关的一系列土地出让的数量、方式、价格，以及土地和城市规划确定、功能调整、容积率变化等都成了影响企业发展的最重要的要素，成为政府手中掌握的最重要的经济资源。这些年来，各级政府除对部分与房地产开发和产业发展有关的土地资源，利用市场机制采取招拍挂的方式外，对绝大多数的国有土地资源都以行政划拨或协议转让方式配置给了国有企业，使国有企业坐地分享了土地和房地产价格暴涨的巨大红利。这些土地资源成为国有企业资产总额的重要组成部分和国有企业利润的主要来源。除土地资源外，石油、天然气、水资源等其他各类自然资源，绝大多数也是由政府以行政手段方式配置给国有企业并长期无偿占有使用。

三是与市场准入有关重要行业的特许经营权。政府掌握的特许经营权既包括一些特殊行业的经营牌照，如银行、保险、证券、电信，也包括与特许经营资格、经营范围有关的行业资质，如基础设施、公共事业领域等，以及包括准入资格在内的各种各样的行政许可。既包

括类似银行、保险、证券、电信等由国家主管部门行政审批的重要产业的进入资格和行政许可，也包括各级政府掌握的基础设施、公共事业领域的特许经营权。目前，从国务院有关部门到地方各级政府手中掌握着对企业经济发展有着重大影响的大量的营业执照、行业资质和行政许可。比如，从事金融、保险、证券等特殊行业的经营，必须经国务院有关部门直接审批，领发特别营业执照。在当前市场经济不完善的大环境下，这些特殊经营许可和行业资质，不仅成为政府手中掌握的重要权力，而且成为企业主要是国有企业发展的重要资源。而部分企业包括一些国有企业取得这些经营许可和资质后，通过有形的市场或无形的市场，实际上使得这些特殊经营许可和行业资质也形成特殊的市场价格，变成了企业巨大的有价的财富和特殊利益。政府掌握的这些重要行业的特许经营权，除了少数民营企业通过不同方式取得外，绝大多数都通过各级政府的行政许可，无偿配置给国有企业，使国有企业在这些重要行业处于垄断或绝对的优势地位，构成国有企业的重要组成部分，也是国有企业垄断利润的重要来源。

四是政府掌握的投资资源。政府手中的投资资源包括直接全额投资、合作投资（PPP）、投资项目的代建代管等方面。在计划经济条件下，政府将财政资金无偿直接分配给国有企业，由企业投资形成企业的固定资产和生产要素。随着政府职能的调整和市场经济体制的逐步确定，虽然政府改变了传统的将财政资金直接分配给企业进行投资的方式，但是在其掌握的投资资源的配置方面，政府仍然将国有企业作为配置投资资源的载体、平台和工具。政府每年大量的投资资源或者由国有企业代建代管，造成这些投资和资产名义上是政府的，实际上是国有企业使用和经营管理的；或者作为政府投资的资本金，直接注入国有企业，形成国有企业的投资项目和固定资产；或者采用政府平台投资公司的方式，建设项目名义上由企业向银行贷款建设，实际上是政府提供资源进行担保或信用担保，政府最终承担无限责任；或者

采取 PPP 的方式使政府大量的合作项目，名义上是吸引社会投资经营，但实际上主要由国有企业来投资，而国有企业投资的背后，是政府的信用担保和对未来收益的固定回报；等等。通过这些不同的方式，政府将这些投资资源直接或间接地配置给国有企业，并构成国有企业发展的主要资源和要素，使国有企业从政府投资资源中获得重大的经济利益。

五是政府掌握的庞大的产业基金和投资基金资源。这些年来，政府开始用财政资金直接进入经济领域，参与市场竞争。政府进入经济领域（的）方式除了直接通过国有企业、平台公司投入具体项目外，相当部分以设定投资基金或产业发展基金的方式介入市场竞争。大量的产业基金和投资基金由政府直接成立的基金公司、投资公司来管理，这些基金公司、投资公司由于游离在国有资产管理体制之外，由财政等部门直接管理，从经济效益以及对政府产业政策的落实的促进效果来看，可能比直接委托国有企业控股的投资公司或基金公司来管理更差。

六是政府掌握的价格资源。政府手中的定价权力以及对企业直接和间接的价格补贴，本质上应该不属于企业资源要素，但在实践中它是决定一些企业经营盈利最重要的因素。随着几十年来经济体制和价格体系的改革，大部分商品价格已经放开，价格由市场决定，但是在基础设施、公共服务和垄断行业中，政府仍然掌握着价格制定和价格补贴的权力。

由于垄断行业中以国有企业为主，基础设施领域中国有企业是主要参与者，公共服务的提供者也主要是国有企业，因此，参与政府定价的企业主要是国有企业。政府的定价水平和标准通常大大高于企业的合理成本加平均利润的水平，这使得国有企业会获得更多的超额利润。在政府价格补贴方面，这些年政府对公用事业除了采取直接的公开的价格补贴外，还更多地采取了对国有企业在土地供应、地价减免、

财政专项、银行贷款等多方面综合性补贴、支持和补偿，从而形成了这些国有企业特殊的超额的利益来源。

七是政府直接和间接掌握的庞大的国有资产资源。本来国有企业的经营性国有资产，应该按照政企分开、政资分开的原则，由国有企业按照市场配置资源的原则，追求最大的经济社会效益。但近几年来，随着政企关系的反复，政府对国有企业资源配置的支配和主导作用加大，从一定意义上讲，国有资产本质上已经成为政府配置资源的重要组成部分。2017 年中央发布的《关于创新政府配置资源方式的指导意见》中，明确把金融类和非金融类经营性国有资产列入"创新经营性国有资产配置方式"范围之内，作为创新政府配置资源的重要领域。

从实践来看，政府直接和间接主导国有资产配置的领域大体上有四类。

一是国有银行、证券、基金等国有控股的金融机构，国家和地方政府对这些金融机构的资源配置尤其是银行贷款有相当大的支配力和影响力。这种支配力和影响力通常采取不同的方式，有的是给银行直接下达贷款指令；有的是采取召开协调会的方式，给银行施加压力；有的采取用财政、土地等资源给银行以适当补偿的方式，引导银行按政府的指令落实贷款指标；有的以政府的信用给银行担保，承担银行贷款的风险。这既给国有金融机构的扩张提供了强有力的支撑，又给国有金融机构带来了很大的金融风险。政府对银行的干预，一方面给国有企业经营发展提供了金融保障，使国有企业比民营企业从国有银行获得数量更大、利息更低的资金，由此形成"国进民退"的发展格局；另一方面也促使国有企业高负债率的形成，阻碍了有进有退的国有经济布局调整，使一些"僵尸企业"或大量的低效率的国有企业长期滞留下来，给国民经济健康持续发展带来长远的不利影响。二是纳入国有资产管理部门的庞大国有资产。这些多年积累下来的数量巨大的经营性国有资产，除了部分处于竞争性领域的国有企业根据市场规

律配置外，其余实际上成为政府推动经济发展、落实产业政策等的工具和平台。政府通过不同方式实际上支配着国有资产的配置和使用，其中包括对一些重要基础设施、公共事业、重大建设项目以及带有政治性的项目，政府通常直接发出指令，国有企业按照政府的计划投资建设。另外，对政府的一些形象工程、面子工程、扶贫工程、对口支援工程以及援外工程，国有企业通常按照政府的指令，不计成本，不计回报，不折不扣地贯彻落实上级的政治要求。三是政府直接举办的以融资为主要内容的各类投资平台公司。这些平台公司实际上是政府职能的延伸，也是政府配置资源的直接平台，这些投资平台的负债基本上是政府的直接负债。四是近几年政府以各种理由直接创办的游离于各级国资委之外的各类国有企业。

这些年来，政府采取不同方式，通过国有企业这个平台、载体、工具、抓手，用行政手段直接或间接地配置了庞大的经营性的金融类和非金融类的国有资产：一方面，使国有企业成为政府推动经济增长的抓手和行使经济社会职能的工具；另一方面，也使国有企业从政府掌握的行政权力和行政资源、经济社会资源中获得巨大的经济利益，使其在相当多领域处于垄断和优势地位。

上述政府掌握的七个方面的资源配置从进一步完善社会主义市场经济体制和市场机制的要求来看，以及从国民经济发展的全局、长期、根本的要求来看，都应该通过市场机制发挥市场配置的决定性作用，但事实上，各级政府在实践中将这些大量的资源通过不同的方式基本上都配置给了国有企业，使国有企业成为政府运用行政手段配置资源的工具、平台、载体，扭曲了资源配置在政府、市场、企业之间的关系，背离了"政府调控市场，市场引导企业"的市场经济调节模式。这一方面形成了国有企业的市场垄断地位和不公平竞争的环境，妨碍社会主义市场经济体制的完善和市场机制的发挥；另一方面还鼓励国有企业凭着特殊的地位和政府的政策，盲目扩张，挤占了民营企业的发展空间，形成国有

经济布局不合理、产能过剩、"国进民退"的格局，给国有企业发展带来长远不利影响。与此同时，国有企业靠政府的资源优势取得的经营业绩和资产增值，掩盖了国有企业在经济效率、经营成本、体制机制等方面存在的问题，不利于促进国有企业内部机制的改革。

基于以上分析，我有如下四个判断：

第一，政府手中掌握的资源对经济发展的影响力并没有减少。虽然与过去相比，政府直接分配的生产要素的各种权力在不断缩小，资源配置的市场化程度在不断提高，市场在配置资源中的作用在不断加大，但是在市场经济发展过程中，政府仍然掌握着影响经济发展的上述七大类资源，这些资源对经济发展全局、产业发展方向，仍然起着重要作用。

第二，政府主要通过行政手段配置资源的方式并没有多大的转变。近些年，虽然政府不断放宽管制，简政放权，对部分资源也通过招拍等方式转让，但对影响全局的资源仍通过行政手段进行配置，而通过市场进行资源的配置仍在探索之中。

第三，政府把国有企业作为资源配置的工具，将资源主要配置给国有企业的格局基本上没有改变。与过去相比，国有企业作为政府直接配置资源的工具载体有所弱化，但政府手中掌握的对经济发展具有重要影响的行政资源、经济资源、自然资源和社会资源等，除了极少数通过市场机制配置外，绝大多数直接或间接通过国有企业这个载体、平台和工具进行配置，国有企业仍然是政府配置资源的工具和载体，并没有像其他所有制企业一样，平等地从市场获得各种资源，成为公平竞争的市场主体。

第四，市场机制在政府资源配置中的决定性作用并没有充分发挥。国家虽然强调要使市场决定资源配置，各方面也进行了一些努力和尝试，但总体上按照（党的）十八届三中全会"使市场在资源配置中起决定性作用"来看，市场在资源配置中的作用并没有加强。

提升城市竞争力——第三届野三坡中国经济论坛实录

综上所述，深化国有企业的改革，实现国有企业与社会主义市场经济相适应，首先需要解决好政府和市场、国企和民企的关系问题。具体说来，应该从广度和深度大力推进五个方面的改革：

第一，大幅度减少政府在资源配置（中）的权力。尽最大可能将目前政府手中的经济资源通过市场化的改革推向各类市场，发挥好市场在资源配置中的决定性作用。取消影响市场公平和市场机制发挥的大量市场准入、特许经营、政府定价的经济资源，打破国有企业对诸多行业的垄断。通过大幅度减少政府手中掌握的各类资源，并改革政府对资源的直接配置，推动资源配置的市场化，真正形成政府调控市场，市场引导企业的宏观调控体系。

第二，政府手中必须掌握的少数的经济资源，要引进竞争规则，为不同所有制企业创造平等竞争的环境，不再直接用行政手段配置给国有企业。对政府手中掌握的经营性的经济资源，采取招拍挂的方式，通过资源的特许经营权市场化的有偿使用，实现政府和市场作用的有效结合，既取得政府资源利用的最大效益，又体现社会的公平性。对于一些非经营性经济资源，如用于公共服务的政府全部投资项目的建设，可以通过竞争方式实现代建代管。一些有部分收费的基础设施公共服务项目，可以采取PPP的方式，利用竞投等方式选择合作对象。

第三，坚持政资分开、政企分开的改革大方向，彻底割断政府与国有企业的"父子"关系。在垄断资源和优惠政策方面，政府要逐步对国有企业"断奶"，并把国有企业真正推向市场。国有企业要面向市场，消除对政府资源和优惠政策的依赖性，公平地从市场取得自己生存和发展所需的各类资源。要依靠自己的生命力、竞争力，成为激烈市场竞争中的主体，用逐步"断奶"的方式，倒逼以政企分开、政资分开为主要内容的政府行政管理体制改革，倒逼以管资产、管企业向管资本为主的国有资产管理体制改革，倒逼企业内部分配、用人、薪酬等体制改革和机制转换，使国有企业与市场机制真正接轨。

第四，加快垄断行业的改革，建立各种所有制公平竞争的市场环境。在重要的垄断行业放开准入条件，降低行业门槛，引进民资、外资等多种所有制企业，形成公平竞争的市场机制。把现有国有企业处于垄断地位的垄断行业内部的竞争性业务和垄断性业务分开，将竞争性环节和业务彻底推向市场，优胜劣汰。对具有自然垄断性质的环节和领域，引进社会资本，形成多种所有制企业有限竞争局面，同时政府加强价格管制和对其服务质量的监督，形成"必要成本+合理利润"的自然垄断行业的盈利模式。

第五，加强国有经济布局的调整，加快竞争性领域国有企业退出，形成国有企业有进有退的机制。近期重点对严重产能过剩的"僵尸企业"，对处于竞争激烈领域的商业、物流、外贸、服务业、制造业等国有企业，除极少数已经做强做优做大的企业以外，绝大多数要抓紧退出。从长远来看，在竞争性领域可以生存发展但不符合国有经济长远发展方向的国有企业，以及经营风险大、企业内部动力机制和风险承受机制不能适应的国有企业都应该有计划、有步骤地退出。通过竞争性领域国有企业的退出，形成有进有退的国有企业发展机制，优化国有经济布局和结构。

未来国有企业应主要在关系到国家全局的重大战略性产业，保障国家经济和社会正常安全运行的重要基础设施领域，以及为人民群众提供服务的公共服务领域发挥更大的作用。但即使在这些领域，国有企业也要通过市场机制，公平地获得政府的特殊资源，平等地享受政府的特殊政策。

通过以上五项改革，我相信当前我们所遇到的经济困难和问题有可能会得到很好的解决。

我借用去年演讲的一句话作为结束，在国有与民营经济问题上，国有经济后退一步，民营经济生机勃勃；在资源配置方式上，政府后退一步，中国经济海阔天空。我们对未来经济充满信心，谢谢大家！

邹自景

邹自景，河北大学政法学院宪法学与行政法学专业研究生，法学硕士，1991 年 8 月参加工作，1994 年 11 月加入中国共产党。目前，担任中共广元市委副书记、市长。

不断优化"四个环境"
提升城市发展竞争力

邹自景

这些年我们高度重视优化经商环境，先后出台了优化营商环境实施方案等一系列的政策文件。大力推行"马上办""网上办""最近办""一次办"，基本建成便捷高效的政务环境、竞争有序的市场环境、公平公开的法制环境、惠商安商的社会环境，城市竞争力明显提高。我这里讲的营商环境跟深圳的张市长讲的不一样，因为我们处在不同的发展阶段。

一、坚持打造高效政务环境，提升服务便利化水平

我们不断深化"放管服"改革，加大简政放权力度。5年来，累计取消、下放、委托下放审批服务事项242项，行政许可减少103项。在四川率先发布"马上办""最多跑一次"清单，规范入驻市政务服务中心1140项事项的申报、审批、流程、时限等，并予以公开，办理提速89.57%。

全面推行"三十三证合一"，简化企业开办和注销程序。企业设立登记时限由过去的15个工作日压减至3个工作日以内，目前全市市场主体已经比2014年增加了85%。

积极推动企业纳税便利化。将 192 个涉税事项全部前移至窗口，91 个事项"全程网上办"，23 个事项"24 小时自助办"，严格执行行政审批清单、企业市场准入、部门信息共享清单。审批前置要件和政府材料减少 50% 以上，开辟"绿色通道"服务投资项目、审批提速若干措施。推行告知承诺制，实行容缺候补，工程建设项目审批时间由 240 个工作日压缩到 65 个工作日。不动产登记由 20 个工作日压减到 5 个工作日。组建项目社会储备、政府和社会资本合作、财政评审、联合审批、图审、项目推进六大中心，规范审批程序，简化审批环节，优化审批流程，最大限度地为项目投资松绑，推进项目投资工作。建立重点项目、重点企业领导关联制度和企业项目问题困难会商会制度，及时协调解决项目建设、企业发展中的问题和困难。

二、全力构建有序市场环境，增强要素保障能力

运用政策杠杆降成本，综合运用上级税费政策、涉企收费清单、电力体制改革等有效举措，切实降低企业税费成本、融资成本、制度性交易成本和要素成本。去年全市降低实体经济企业成本 20 亿元，搭建银企合作平台融资，适时开展融资对接会、银政企联席会，搭建企业金融机构对接平台。持续开展金融机构收入事项清理，2016 年下半年以来，累计减少金融机构收费事项 130 项，为企业减少融资成本 2.1 亿元。

制定建设领域工资保证金管理办法。去年清退返还社区保证金 27 亿元，大力支持企业职工培训、人才招引，建立人才流动编制。

落实"直供"优惠保能源，积极争取扩大"直购电"范围，推进具备条件的天然气大用户由"转供"改"直供"。指导城镇燃气经营企业对工商业用气大户进行价格优惠，降低企业用能成本。2018 年 1~7 月直购电量 8.74 亿千瓦时，为 30 家工业企业降低用电成本 1.89 亿元。预计全年可完成直购电电量 22 亿千瓦时，降低工业企业用电成

本约5亿元。大幅度压缩水电气报表报装办理时间，高压单电源用户用电、高压双电源用户用电报装办理时限分别压缩5~30个工作日。

广元现已经建成4G交通枢纽，实现了县县通高速、通铁路，三条高速公路和四条铁路在广元城区交会。广元现在是四川仅次于成都的第二大铁路枢纽。机场已开通六条航线，广元港建成试运行。广元是四川省八个重点水运城市之一。大力推动铁路运价，引导企业使用西南货物快运列车等货运产品，开展多式联运，降低企业运输成本。建成公路行保税仓库、中欧班列组合基地，推动对外贸易快速发展。上半年，全市货物进出口增速居四川第一位。

三、积极建设公平法治环境，维护良好经营秩序

坚持一把尺子，规范行政权力运用。在"双随机一公开"监管权覆盖的基础上，大力推行双随机严格监管执法，对市场主体检查频次减少80％以上。探索建立"一支队伍管执法"模式，完善防范预警与打击惩处为一体的监管执法机制、规范行政执法行为和处罚裁量权，推行行政执法公示、全程记录制度。我们不管是哪个领域的哪个检查，如果责令企业停产的，在广元范围内必须经过领导批准才行，不准任何单位擅自要求企业停工停产。

协调三支队伍，依法保护企业权益。不断完善法院、检察院、公安机关沟通配合机制、加大案件判决执行力度，依法严厉打击侵犯知识产权、制售伪劣商品、恶意欠薪、非法讨薪等违法犯罪行为，以及强买强卖、欺行霸市、破坏投资环境等不法行为。2017年，全市立案查处专利违法案件200余起，破获侵犯企业和项目投资的典型案件152起。

整治"三大领域"，规范公职人员行为。开展工程建设、项目审批服务问题专项整治。坚决破除非法利益格局，用更加严格的标准、更加严厉的措施、更加严明的纪律规范公职人员行为。2017年全市立

案查处党员干部插手项目招投标、借项目审批验收之机收受好处等案件75起，给予党纪政纪处分76人。持续开展作风纪律深化年活动，和"马上办"提速、"项目年"提效、"中梗阻"破解、"潜规则"破除专项行动，全力构建"亲""清"政商关系。

编制"一张目录"，落实招商优惠政策。开展招商引资优惠政策清理工作，编制优惠政策清单目录，清理排查2014～2017年投资额1000万元以上的463个招商引资项目优惠政策兑现。凡是没有兑现的，逐一列出清单限期兑现。

四、不断营造良好社会环境，形成惠商安商氛围

全面加强诚信社会建设，出台诚信建设实施方案、个人诚信建设体系方案等文件。完善"一网、四库、一平台、N系统"的信用信息平台，建立社区信息记录归集和共享交换机制，健全市场主体守信，建立失信联合惩戒机制。推进信用体系建设工作制度化、规范化。

培育遵商重商的社会文化。在全社会倡导人人都是投资环境、事事都是投资环境的理念。建立企业家荣誉制度，大力弘扬企业家是城市英雄的价值理念，评选表彰民营企业家。

全力维护良好生态环境。良好的生态环境是广元最大的优势，我们始终坚持"绿树青山就是金山银山"的理念，强力打好污染防治攻坚战，改善提升城乡环境面貌，营造宜居宜业的生态环境。2017年全市森林覆盖率达到56.18%，主城区环境空气质量优良天数达到94.8%，主要河流水质全部达到Ⅱ类以上标准，其中26亿立方米的白龙江水质达到Ⅰ类标准。

广元是国家卫生城市、国家森林城市、中国优秀旅游城市、中国绿色发展优秀城市、中国人居环境范例城市，同时也是全国30个最安全的城市之一。

当前我们正处在决战决胜整体连片贫困到同步全面小康跨越的关

键阶段，正在按照省委的要求，加快建设川陕甘接合部区域中心城市和四川北向东出桥头堡。实现这个目标，必须始终以推动经济高质量发展为中心，不断增强市场的创造力、吸引力和竞争力，必须对标国际国内的最高标准、最好水平，提升制度环境软实力，打造营商环境新高地。

我们将以深化"放管服"为抓手，制定优化营商环境16个方面、200条的具体配套措施，把该"放"的放得更彻底、更到位，该"管"的管得更科学、更高效，该"服务"的做到更精准、更贴心。

最后祝我们这次论坛圆满成功。

谢谢大家！

李瑞霞

　　李瑞霞，华中科技大学经济学博士，高级审计师，中国民主促进会会员，新乡市人民政府副市长，民进新乡市委主委，民进中央经济委员会委员。第十一、十二届河南省政协常委。新乡市第十一届人大代表。

　　目前，负责新乡市卫生、人口和计划生育、食品药品、市场监督管理、市场发展、工商、文化、广播电视、体育等工作。

深化"放管服"改革 优化营商环境

李瑞霞

尊敬的各位领导、各位嘉宾、各位专家：

大家下午好！

今天我向大家汇报的题目是：深化"放管服"改革，优化营商环境。

国家市场监管总局的袁司长已经把"放管服"改革讲得很透彻、很全面了。我就从新乡市工商登记全程电子化这个小切口，来介绍新乡市如何深化"放管服"改革，优化营商环境。

先介绍一下新乡市。新乡市位于河南省的中部，紧邻郑州，在黄河北岸，2017年经济总量2385亿元，位居河南省第六位。新乡市辖四区八县，解放初期是平原省省会。新乡的工业基础良好，且又是农业产粮大市。延津的小麦是中国地理标志，特供茅台酒厂使用。原阳大米也是中国驰名地理标志。我们是中西部地区高等院校最多的省辖市，有9所高等院校，22万大学生。新乡的文化底蕴很深，有1400年的建县历史。原阳县曾出了16个宰相。我们国家有文字记载的历史大约是4260年。官渡之战主战场在新乡，赵匡胤陈桥兵变也在新乡，这总共是2160年，逐鹿中原就源于此。

下面我介绍新乡市深化"放管服"改革、优化营商环境的情况。

"放管服"改革是政府转变职能、重塑政府与市场关系的一次深刻变革。5年来，新乡市通过"放管服"改革，激发了市场和社会的创造力，实现了经济的高质量发展，"放管服"改革是优化营商环境、提高城市竞争力的重要手段，也是服务人民群众的便民之道和预防腐败发生的良策。有一组数据可以证明这一点，新乡市的市场主体数量在2013年之前一直是徘徊在13万家，但是，从2013年到2018年8月，从138000家增长到249000家。企业注册资金从1535亿元增长到4239亿元，市场的规模和资金都有质的飞跃，企业活跃度也大大提高。

新乡市的"放管服"改革经历了以下四个阶段。

第一阶段是从2014年3月商事制度改革破题，2014年3月开始放宽政策，全面放宽各类市场准入条件。第一是放开了注册资本的限制，实行了认缴制。第二是放开了经营场所的设立条件，允许居民的住宅登记为企业场所或个人经营场所，为市场主体创业兴业提供了极大的便利。第三是监管方面取消了年检制，推行了年报制度。

第二阶段是2015～2016年，实行了减政便民、工商登记负面清单制度和先照后证的改革。

第三阶段是2017年全面实行了三十五证合一改革和工商登记全程电子化，由省工商部门开发专项软件，在全省推广使用，省市县及各部门互联互通。

第四阶段是2018年，我们围绕审批服务便民化实行改革，在省市县实行一网通办，将审批事项编制目录，建立了三级十同制度，实现一网通办，让群众只需跑一遍，甚至不见面就可以把事办成。从原来的办事跑好多次到现在"不见面，一趟也不跑"，营商环境得到了全面优化，服务质量和效益有了质的飞跃。

在"放、管、服"改革方面，我们遵照依法、便民、利企的原则，进行了一系列的实践和探索。

首先是"放"。我们通过创新、放权、优化政府服务环境，放出

活力和动力。

第一，深化改革促创新。新乡是"中国制造2025"示范城市，国家自主创新示范区。我们以此为平台，成立了领导小组，完善了政策体系，创新了体制机制，研究出台了"新乡市优化营商环境的十二项制度"等政策。对企业开办时间规定为2.5个工作日，工程项目审批全流程时间均压缩一半。

我们以减字当头，向市场放权，向企业放权，向社会放权。通过一系列改革，政策引导，人才、资金、产业、平台各类要素集聚，围绕着服务我市电子信息、文旅康养等六大专项，优化营商环境。

第二，简政放权，协同推进政务服务，降低企业制度性交易成本。我们一次性取消各类证明事项169项。另外，经过2013年以来的六轮调整，行政审批事项从原来的412项压缩到现在的110项，精简了75%。

第三，优化政务服务，推行"互联网＋政务"。通过项目联审联批，实现行政审批再造，推行企业登记全程电子化。目前，新乡市县两级全部实现了网上办理。2017年10月30日在全市开始推行全程电子化，实现了业务范围、市场主体全覆盖。到2018年8月31日，全市共办理电子化业务3.3万件，网上办理量占业务总量的63.2%，位居全省第一。

2018年7月16日，河南省工商登记全程电子化现场会在新乡召开，全省的18个省辖市齐聚新乡。戴柏华副省长对新乡市全力推进企业全程登记电子化改革予以了高度肯定。省工商局马林青局长要求全省工商部门推广新乡做法，以改革高质量推进经济发展高质量。7月17日，国家监管总局陈叔弘副局长莅临新乡调研时说，新乡的企业登记全程电子化是一场新的模式呼之欲出，旧的模式即将退去的变革，具有重大的历史意义。

其次是"管"。通过透明监管、公正监管、综合监管和信用监管，管出公平与秩序。管是放的前提，管得好管得到位，才能放得开；减得多才能放得活，这就要加强事中、事后监管。要求我们必须转变传

统的监管理念和方式，由直接监管转向以信息为手段的监管，由单一部门的监管转向多部门联合监管。

第一，推进透明监管，实行企业年报制度。我们通过广泛宣传，积极组织广大企业开展年报公示，并接受社会监管。全市企业年报率达到了96.98%，农村专业合作社的年报率达到了97.35%。

第二，加强公正监管，全面推行"双随机，一公开"监管机制，对省工商局2018年统一抽取的2896户市场主体进行抽检检查。

第三，推行综合监管，实行跨部门联合监管，结合机构改革在市场监管、文化市场、交通运输、农业等五个领域，开展综合执法体系改革，监管标准互联互通，降低执法成本。

第四，实行信用监管，建立联合惩戒机制。

最后是"服"。"服"出便利与品质。坚持便民利企的原则，聚焦影响企业和群众办事创业的堵点、痛点，用最短的时间、最快的速度把服务企业和群众的事项办理好，让群众成为改革的监督者、推动者、受益者。

第一，全面推行审批服务"马上办、网上办、就近办和一次办"。

第二，推行审批服务标准化。

第三，推行"互联网+政务"服务，实现政务服务的一网通办。

第四，坚持便民利企原则，全面推进证照分离、多证合一的全程电子化。

目前我们正在向省和国家申报企业开办全程网上办改革试点，充分利用电子化、网络化的优势，以工商登记全程电子化改革，着力破解办照容易办证难、准入不准营等突出问题。努力实现企业一网通办，零见面，一趟也不跑，便利群众办事，最大限度地便民利企，打造新乡市一流的营商环境。

谢谢大家！

第四辑　城乡土地市场一体化

　　党的十八届三中全会提出，农村集体建设用地要与国有土地同等入市、同价同权，宅基地也要创造条件进入流转。但此项改革进展迟缓，相关配套改革准备严重不足。新形势下，如何部署城乡土地制度全面改革，如何建立健全土地市场、实现城乡土地市场一体化，是深化改革的紧迫课题。

张红宇

张红宇，管理学博士。中国农业经济学会副会长，农业农村部软科学委员会副主任委员，农业农村部农村经济体制与经营管理司原司长，中国农业大学、南京农业大学、西南财经大学博士生导师，中央党校、中国人民大学等多所院校兼职教授，清华大学中国农村研究院学术委员，中组部师资专家。多次参与中央重要文件起草，是中央1号文件的起草组成员。多次主持联合国粮农组织、世界银行等国际组织及国家社科基金重大项目、国内政府部门组织的课题研究。出版多部个人专著，在《人民日报》《经济日报》《经济研究》《管理世界》等媒体上发表论文数百篇。

从"两权分离"到"三权分置"

——中国农地制度的绩效分析

张红宇

改革开放 40 年来，中央关于农村土地制度改革安排，始终遵循着生产关系适应生产力的客观规律，不断丰富和完善着中国特色的农村土地制度。改革开放之初，根据当时生产力水平低下、解决吃饭问题是当务之急的实际情况，我们在坚持农村土地集体所有的前提下，把土地承包经营权赋予农户家庭，实行家庭联产承包责任制，实际上是所有权与承包经营权的"两权分离"，充分调动了农民群众的生产积极性，解决了温饱问题，这是我国农村改革的重大成果，也是我国农村土地制度改革一次具有革命性意义的制度创新。现阶段，随着工业化、城镇化的深入推进，农村劳动力大量转移进城，到第二、第三产业就业，相当一部分农户将土地流转给他人经营，承包主体和经营主体分离，顺应发展现代农业的趋势和农户保留承包权流转经营权的需要，以习近平同志为核心的党中央着眼于改革全局和战略高度，进一步深化农村土地制度改革，提出农村土地所有权、承包权、经营权"三权分置"理论，这是在新的历史条件下，继家庭联产承包责任制后农村改革又一次具有革命性意义的重大制度创新。

习近平总书记指出："现阶段深化农村土地制度改革，要更多考虑

推进中国农业现代化问题，既要解决好农业问题，也要解决好农民问题，走出一条中国特色农业现代化道路。"总结分析改革开放之初家庭联产承包责任制 "两权分离" 的制度安排到现阶段在坚持农村土地集体所有的前提下，所有权、承包权、经营权三权分置格局形成的制度绩效，是理解把握总书记论述精髓的钥匙。

一、中国农地制度的创新特点

中国是富有创新的国家，改革开放以来的农村土地制度变迁充分表明了这一点，并表现出显著的制度特征。

——渐进性。从人民公社的所有权、经营权高度集中的两权合一，到家庭联产承包责任制的集体所有、家庭承包经营的 "两权分离"，再到农村土地所有权、承包权、经营权 "三权分置"。"公有公营、公有私营、公有共营"，中国农地制度变迁的渐进性特征十分明显。

——灵活性。在始终坚持农村土地集体所有根本地位的前提下，农户承包经营权拥有足够的权利调整和分解空间。在不流转时，农户承包经营权享有占有、使用、收益以及由此派生的抵押担保、退出等处分权。而在流转时，承包权派生出租、转包、互换、入股等多种方式让第三方分享其经营权。农户拥有承包经营的权益获得与内生权利分解有足够的灵活性。

——包容性。家庭联产承包责任制的集体所有、农户承包经营权 "两权分离" 的制度安排，承包经营权的取得是依户籍决定的社区成员身份或集体经济组织成员资格取得，因而权利有专属性、特定性和排他性。"三权分置" 中的经营权取得条件则并不完全由社区成员或集体经济组织成员资格决定，经营权的获取在严格限制工商资本租赁农地不规范行为的同时，表现出开放性、社会性和非排他性特征，中国农村土地制度安排有足够的包容性。

——同向性。近年来中国农地制度的灵活性和包容性，促使家庭

农场、合作社、企业、社会化服务组织等多元新型农业经营组织大量出现，填补了农村劳动力转移进城腾出的农业就业空间，比较好地克服了"谁来种地""地怎么种好"等农业发展制约因素。新型农业经营主体的发展成长与农地制度演进相伴而生，且呈现高度同向一致。

——规范性。中国农村土地制度尤其是经营制度不断创新，在改革过程中体现着基本遵循。其要义是始终坚持农村土地集体所有，维护承包农户的基本权利，这是一切制度创新的前提和出发点。同时制度创新要尊重农民意愿，"两权分离"制度设计中的"生不增、死不减，大稳定、小调整"都是农民自愿选择的结果。"三权分置"，经营权流转的多种实现形式也要尊重农民的选择。

二、中国农地制度的绩效分析

中国农地制度表现的时代特征为促进现代农业发展，特别是农业供给侧结构性改革、提高农业效益和竞争力提供了坚实的制度保障，是充满智慧的顶层设计，并表现出明显的制度绩效。

——从公平到效率。改革开放之初，人民公社时期所有集体经营实行大锅饭，导致农业生产效率低下。新的制度安排动因既要通过变革旧的制度，采取家庭承包经营的方式，激发农民的生产积极性，又要兼顾当时农业生产条件差、土地资源质量参差不齐的客观现实，采取以家庭为单位，按人平均分配，远近、肥瘦搭配土地资源的做法是相对公平的原则。几十年过去了，一方面，在工业化、城镇化深度推进的背景下，农村劳动力大量转移进城，常年外出流动农民工目前已达2.86亿，"谁来种地"的问题日益显现。另一方面，随着农业生产条件改善，土地资源质量普遍提升，改善按户平均分配土地零碎分散状况，实现由分散到集中的条件逐渐成熟。如何提升农业劳动生产率、土地产出率以及资源配置效率成为迫切需要解决的问题。土地"三权分置"满足了从公平到效率的制度设计。

——从封闭到开放。传统农业与现代农业最大的区别表现为传统农业是生存农业，现代农业是竞争农业。要提高中国农业的质量效益竞争力，家家有地、户户种田的小规模经营方式显然无法适应。从全球经验看，通过租地、入股方式使土地经营权在更大范围内集中，形成规模经营基础是普遍做法。中国的"三权分置"制度设计在坚持农村土地集体所有、维护农户承包权益的基础上，土地经营权在更大范围内得到优化配置，在更多主体中得以分享，为规模经营创造了条件。农业农村部统计，2017年全国家庭承包耕地流转面积5.12亿亩，占家庭承包耕地面积的37%，流转出承包耕地的农户达7071万户，占承包农户总数的31.2%。上海、江苏和北京的土地流转比重分别达到75.4%、61.5%和63.2%。土地经营权的行使由封闭到开放，推动了资源的优化配置，有利于提升农业经营的规模效益。

——从弱势到强势。中国农业大而不强，不仅是"四化同步"发展的短腿，在全球农业竞争中也处于弱势地位。农产品进出口贸易逆差多年居高不下，进口油料、糖料、棉花、谷物等资源性农产品品种多、数量大，对外依存度越来越高，这固然与我们农业资源禀赋有关，更与人地资源配置不均衡相连。因此，提升中国农业竞争力，要在中国具有比较优势的产业和产品发展上做好文章。除了找准中国现代农业的定位和突破口外，通过土地经营权流转，使土地向"能种地，爱种地"的新型农业经营主体集中，"三权分置"提供了相应的制度保障。通过经营规模扩张产生规模效益，通过结构调整形成比较优势，通过资源集约实现绿色发展，使弱势农业成为强势农业是完全可能的。

三、构建中国特色的农村土地制度

创新永无止境。从"两权分离"到"三权分置"，我们正在践行和构建具有鲜明中国特色的农村土地制度，中国的农村土地制度安排凸显出越来越明显的制度绩效，完全可以成为全球范围内特别是人多

地少的东亚国家和地区土地制度创新的成功范例。对此，我们要有足够的制度自信和道路自信，并为之付诸更多的努力。

——强化学习借鉴。从全球经验看，随着现代农业科技的应用，农业生产条件的改善，提升农业竞争力，扩张土地经营规模是共同取向。无论是资源禀赋丰富的美欧国家，抑或资源禀赋相对稀缺的东亚国家和地区，在各自土地所有制不变的前提下，土地权利在不同主体间不断细分，并由不同主体分享是普遍现象，特别是赋予使用权物权性质是共同经验。美欧日韩等国租地农场越来越多，通过租佃获得的经营权可以转让、抵押、再出租，产权关系由"重所有"到"重使用"转变，这对提高农地的配置效率和规模效率无疑是成功的举措，也是提升农业竞争力的必然选择。我们完全可以学习借鉴，并从中获取（对）于中国农地制度改革的有用经验。

——强化模式总结。农村土地"三权分置"、多元主体经营在中国有着丰富的实践模式。从最基本的表现看，有通过将经营权完全流转给第三方的出租、转包、入股等方式，形成土地规模经营模式；也有将经营权让渡给第三方共同分享，生产环节全部或部分委托给生产性服务组织，形成的托管半托管服务规模经营模式。无论哪种方式，都表现出降低单位生产成本、有利于科技成果应用、规避农业风险、促进生产发展、提高效益、促进竞争力提升的制度绩效，四川农业共营制、安徽农业产业化联合体、湖北沙洋模式等由于土地经营权流转、入股、互换产生的土地经营模式，内生着丰富的承包经营权分解的制度内涵，是需要认真总结推广的。

——强化顶层设计。土地制度创新一直在中国农村改革中扮演着最重要的角色。如何走出一条有中国特色并在全球范围内成为制度创新的范例，需要在理念、制度、政策三个层面强化顶层设计。既要有原则底线，也要有制度设计，不仅要考虑改革的总体目标，同时要规划具体的实施路径。基本思路是要始终坚持农村土地集体所有，体现

社会主义公有制优越性。需要认真研究如何巩固和完善农村土地公有制基础，农民集体和承包农户在承包土地上、承包农户和经营主体在土地流转中的权利边界，以及在工业化、城镇化背景下，承包农户如何退出承包地等重大问题。同时，秉承因地制宜、分类推进的原则，依据不同区域经济社会发展程度、劳动力转移情况和农业生产条件等多重因素，积极探索经营权流转的多种形式。在推进农地制度改革的实践中，探索无止境，要保持足够的历史耐心。

黄小虎

黄小虎，1968 年上山下乡，1973 年大同一中教员。1978 年调《红旗》杂志社（1988 年改名为《求是》杂志社）工作，历任经济部助理编辑、编辑、农村组组长、副主任、副编审。1992 年调国家土地管理局（1998 年后为国土资源部），历任中国土地评估中心主任、中国土地勘测规划院副院长、院长兼书记、书记、巡视员。2008 年退休。2002～2010 年，曾任中国土地学会副理事长兼秘书长。

从 20 世纪 80 年代始，工作之余致力于经济研究，侧重于农村经济、土地经济，发表论文数百篇。主要著作有：《90 年代农业和农村工作的主要任务》《新时期中国土地管理研究》《土地与社会主义市场经济》《住房是个大问题》等。近年主要研究成果有：《征地制度改革问题研究》（清华大学中国农村研究院 2012 年重大课题，2013 年完成、结题）、《关于自然资源管理体制改革》（2014）、《建立城乡统一的建设用地市场研究》（2014）、《十八届三中全会决定与土地使用制度改革》（2016）、《对土地制度改革一些观点的商榷》（2016）、《我国现行城市住房制度必须改革》（2016）、《建立土地使用权可以依法转让的宪法秩序——贺雪峰文章引发的思考》（2017）、《城市化和城市发展三问——与赵燕菁同志商榷》（2018）。

利用集体建设用地建设租赁住房

——一个举重若轻的大手笔

黄小虎

2017 年 8 月 28 日，《国土资源部、住房城乡建设部关于印发〈利用集体建设用地建设租赁住房试点方案〉的通知》（国土资发〔2017〕100 号，以下简称《通知》）对于土地制度改革和住房制度改革，都迈出了关键性的一步，就是农村集体土地可以进入房地产市场了，这一步迈出后，后续改革也会沿着这个路子继续往前走。

说实话，这有点超出我的预期。我原来预计这类改革可能要等到 2018 年两会之后，就是机构改革推出以后才能推出。因为在现行体制机制下，有关主管部门受法律规定、职能定位等约束，推出这样的改革不太容易。改革要依法有据，现行法律规定，各类建设项目必须使用国有土地，集体土地是不能够入市的。北京市大兴区、天津市蓟县等 33 个试点县级市、区，允许农村集体经营性建设用地入市，是经全国人大特别批准授权可以突破现行法律，但没有明确能不能开发房地产，各试点地方的试点办法基本上是不允许。所以，这个《通知》有非常大的突破，向着落实（党的）十八届三中全会《决定》提出的，建立城乡统一的建设用地市场，迈出了更为关键的一步。

之前 33 个县的试点和这次 13 个地区试点，都是对现行制度的突破。那么，现行制度是什么时候建立的？是不是改革开放以来一直如

此？实际上，它是在 1998 年修订、1999 年实施的《土地管理法》之后才建立起来的。

这里，有必要回顾一下改革开放的发展历史。

农业家庭联产承包责任制改革，解放了农村剩余劳动力并积累了一定的资金，于是农村、农民在自己的土地上发展非农产业就成了不可阻挡的趋势，党和政府对此也给予了大力支持。因此，乡镇企业顺理成章地"异军突起"。乡镇企业的大发展，又对中国的城市化发挥了重要的促进作用。1978 年，全国有建制镇约 3000 个，1985 年增加为 6600 个，1998 年达到 1.9 万个。大量新增加的小城镇主要是乡镇企业发展带动起来的，也可以说是在集体建设用地市场基础上形成的。在经济发达地区，特别是"珠三角"和"长三角"等地区，乡镇企业的崛起，还培育了一批新兴的大、中城市。例如东莞，改革开放前是个 5 平方公里的小县城，随着乡镇企业的发展，产业不断集聚，现在已是 600 多平方公里、840 万人口的特大城市了。其建成区范围有 70％的土地，至今仍然属于集体所有，可以说是一个在集体土地上生长起来的特大城市。"珠三角"的南海、顺德、佛山等城市，大体都是这样发展起来的。"长三角"和其他经济发达地区的不少城市，也不无类似的情况。

这些地方的特点是除部分基础性、公益性建设用地实行国家征地外，企业用地一般不实行国家征地，而是由企业租用农村集体的土地。土地供应充分，地租（地价）就便宜，刺激了产业和人口的集聚，城市也快速发展。在社会一次分配领域，政府所获土地增值收益不多，但产业的快速集聚，使政府在二次分配中的企业税收不断攀高，逐步积累起雄厚的财力，足以满足城市建设及提供其他公共产品的需要。对于农民来说，由于有相对稳定的地租收入，能够比较淡定地面对产业、城乡、职业、身份、生存环境的剧烈变化，顺利地融入城市即实现城市化。显然，这是一个多赢的局面。

东莞等地的实践表明，允许集体建设用地入市，不仅可以缩小国家征地的范围，还可以形成集体建设用地的市场价格。由于供应充分，地租（地价）泡沫会受到抑制，国家征地确定补偿标准也就有了客观的依据。东莞作为一个特大城市，长期房价不高且比较稳定，原因之一就是地价稳定。现在许多地方征地补偿费畸高，根子在于不允许集体土地入市，就形成不了相关的土地价格，只能参照政府卖地的价格确定补偿标准。补偿高了，又会抬高地价，形成恶性循环。

从理论上讲，集体建设用地也包括农民的宅基地。仍以东莞为例，该市800多万人口中，本市户籍人口只有约190万，另有将近650万人为外来务工、经商人员。庞大外来人口的居住需求，引导广大农民在宅基地上建出租屋，既满足了市场的需要，又增加了农民的财产性收入。几百万人的居住问题靠农村土地得到解决，没有成为政府的沉重负担。工业化和城市化改变了本地农民的生产、生活方式，人员的流动性增强了，宅基地的买卖也时有发生，并没有出现有人担心的流离失所、无家可归等社会问题。东莞农民宅基地上的出租住房供应充分，大量流动人口主要靠租房解决居住需求，压制了商品房的炒作空间，炒房客们不大看好这个地方，这也是东莞房价长期稳定的重要原因。这一次允许13个地区的集体土地开发租赁住房，其实东莞一直就是这么做的，而且有很成功的经验。

值得一提的还有北京市，首都的外来人口数量比东莞大得多，却没有形成印度、巴西等发展中国家大城市周边大规模人口集聚的贫民区，主要原因在于，北京城乡接合部的集体建设用地和农民宅基地市场，分散化解了他们的居住问题。

回顾历史，我们不难发现，集体建设用地进入市场，曾经对农村发展，对国家的工业化、城市化，做出过十分重要的贡献，本质上是让农民分享了土地增值带来的红利。我曾经提出，集体建设用地进入市场，是亿万中国农民的伟大创造。主要依据就是这些曾经发生甚至

还在发生的历史事实。那么，政府在这个过程中的作用是什么呢？政府的作用就是在尊重人民群众首创精神前提下，对社会和市场的活动加以规范、引导和管理。

20 世纪 80 年代，国家对于乡镇企业是大力扶持、大力支持的，90 年代初期、中期也是支持的，这实际上是鼓励农民自主参与国家的工业化、城市化进程。但是进入 21 世纪，政策发生逆转。1998 年修改、1999 年实施的《土地管理法》出台了几项规定，首先是各项建设必须使用国有土地，其次是集体土地不得用于非农建设。这就把农民利用土地财产自主参与工业化、城市化进程的道路给堵死了。结果，政府走上前台，成了市场主体。可以说，1998 年新的《土地管理法》的出台，标志着我们国家的发展模式、发展方式发生了很大的变化，由此带来很多社会矛盾和问题，最主要是激化了和农民的矛盾。过去农民参与国家工业化、城市化进程，有三条路可走：一是在自己的土地上转型，利用自己的土地发展非农产业；二是进城打工；三是国家征地。前两条路可以说是农民自主参与城市化的道路，第三条是被城市化的道路。现在，三条通道被堵了一条，变成了两通道，再加上被城市化的那条路又不顺，出现了"拥堵"。

计划经济时期的国家征地，党和政府明确规定，不落实对农村、农民的补偿，不解决好失地农民的安置问题，不得实施征地。这里很关键的一点，是对失地农民的安置。凡因国家大面积征地，致使有关农村人均土地低于一定面积，无法靠务农维生了，政府就要负责把相关的劳动力安排到城市的企事业单位工作，并解决他们的城市户口问题。对当时的农民来说，这可是个天翻地覆的变化。从土里刨食变为吃商品粮，从挣工分变为挣工资，从没有养老金变为有退休金，从合作医疗变为公费医疗，子女也有机会到城里学校上学，运气好的还可能分房子，等等。显然，在这里起作用的是利益共享机制，被征地农民实实在在地分享到了工业化、城市化的成果。在当时，干部队伍普

遍清廉，没有哪个社会群体能够通过征地发家致富。因此，农民普遍支持甚至盼望国家征地。个别矛盾冲突的案例也有，主要是政府的补偿和安置工作不到位导致的，不是制度性原因。

改革开放以后，建立与发展社会主义市场经济，情况有很大变化。私营企业和改制后的国有企业自主用人，政府没有强行安置失地农民就业的权力了，经营不善的企业实行破产、兼并、下岗，安排了也没有意义。就是说，计划经济条件下的利益共享机制在市场经济里不灵了。当时能想得出来的办法，就是增加货币补偿。怎么增加？最后定下来的原则是按农地的原用途补偿。如果农民被征了一部分土地以后还能继续务农，按原用途补偿是可以的。问题是完全失地的农民，实际是在城市的环境里生活，"动就要钱"（农民语），拿到的补偿不要说融入城市，连生存都成问题。因此，农民的不满、反抗就日渐多起来了。

1992 年是一个重要的时间节点，党的十四大正式提出建立社会主义市场经济。此后，各项改革加快，各项建设全面推进，特别是园区建设遍地开花。园区建设要大片征地，完全失地农民的数量大大增加。也差不多在这个时段，出台了按原用途增加征地补偿费的政策。从此，征地引发的矛盾越来越多，成了各方关注的社会问题。

1998 年是另一个重要的时间节点。那一年政府机构改革，国土资源部成立，在全国全面确立了城市土地有偿使用制度，并在各种因素作用下全面形成土地财政。也在那个时候，全国各地落实城镇化发展战略，如火如荼地开展城市建设，征地的范围、面积远远大于园区建设，失地农民的数量更多了。按原用途补偿引发的矛盾冲突更加尖锐、激烈，已经成为带有全局性的焦点、热点问题。到底是我们的农民变了，还是我们的制度、政策出了问题？我看，农民中确有极少数害群之马，但对于普遍存在的社会现象，主要还是要从制度、政策上寻找原因。

在市场经济条件下，也要建立起利益共享机制，这是问题的关键。农民对征地的货币补偿有个比喻，叫"一脚踢"，意思是过去政府对被征地农民是负责到底，现在则是给点钱就踢出去不管了，让你自生自灭。同时，还不允许农民用自己的土地发展非农产业，可以说是两头堵，反正是不让农民分享土地用途改变以后的增值收益。没有了利益共享机制，既无满腹经纶又无一技之长，农民不知到哪里去找钱，对未来有很强的危机感。在这种情况下，躺在政府身上漫天要价、胡搅蛮缠甚至无理取闹，等等，也是必然的反应。在矛盾尖锐的地方，现行制度规定根本无法实施，一些地方政府不得不加以变通，提高补偿标准、实行留地安置，等等。由于没有统一的规定，各地做法五花八门，差异很大，也产生了不少负面影响。正如列宁所说，无政府主义是对机会主义的惩罚。

所以，我们看这次改革的意义就在于，它要和现在的发展模式切割开，要让老百姓的财产权利能够通过市场充分实现，要对政府的角色做重大调整。为此，还有一系列的改革需要跟进。

比如对政府在市场经济当中的地位与作用，政府和市场的关系进一步明确，一个重要的问题必须解决，就是（党的）十八届三中全会上习近平总书记专门阐述的，要把所有者和管理者分开。这条改革如果推出以后，就会发生很大的变化。作为集体土地进入市场，可能就不仅仅是租赁住房的问题了，包括一些普通商品房，也应该进一步放开。但现在看来，对这个问题认识并不统一。一些政府机关的改革设计是在部门内部，成立代表国有自然资源资产所有权的内设机构，其实就是不愿意把现有的对自然资源资产的经营职能调整出去，不愿意破除利益的樊篱，不想"壮士断腕"。包括有的专家学者也是以其昏昏使人昭昭，如（党的）十九大报告对自然资源管理体制改革的阐述"设立国有自然资源资产管理和自然生态监管机构，完善生态环境管理制度，统一行使全民所有自然资源资产所有者职责，统一行使所有国

土空间用途管制和生态保护修复职责，统一行使监管城乡各类污染排放和行政执法职责"。有人对这段话的理解是"新机构的特点是职能会比较综合，现有相关部门的职能进行整合后，最重要的是自然资源资产所有权、监管这两个方面的职能能够同时行使"。我认为，这样解释是典型的望文生义、信口开河，根本违背了要把所有者与管理者分开的精神，会引起社会和政府机关干部的思想混乱，不利于机构改革的顺利推进，因此有必要加以澄清。

再比如，集体土地可以开发公租房，投资主体是谁？公租房是一个长期回报的盈利模式，我不太主张政府承揽得太多，政府搞廉租房已经很吃力了。如果是集体投资，集体能够有这样的资金积累当然好，但是未必能一下子拿出这么多钱来，恐怕需要融资。开发商愿不愿意干呢？我认为，一些有社会责任感的、资金实力比较雄厚的企业也许会干。但在现有的利益格局下，指望房地产开发企业不现实。从防止垄断的角度，也不宜让开发商介入太深。所以，投资应当多元化、社会化，但建设和经营主体尽量是农村集体比较好，因为土地是他们的。至少，农民的产权、利益必须得到切实保护。

以上主要分析了《通知》对土地制度的突破，下面谈谈对住房制度的突破。

20世纪80年代，国务院成立住房制度改革领导小组，在组织各界、各地调研、试点基础上，探讨改革思路，拟定改革方案。经过较长时间探讨，社会各界对住房制度改革形成如下共识：需求侧（存量住房）是"租售并举、提租促售、以售带租、小步快走"；供给侧（新建住房）则是"政府建房、合作社建房、私人建房和开发商建房并举"。

我理解，租售并举，是要让住房买卖市场和租赁市场共同发展，消费者可以根据市场的租售比价和自己的购买能力，自主选择住房消费方式。政府建房，主要解决最低收入人群的住房保障；住宅合作社

作为非营利经济组织，是普通工薪阶层合作互助解决居住需求的重要渠道；私人建房，主要是小城镇居民用于自住；开发商建房，对应的是高收入人群或富人阶层的居住需求和投资、投机需求。这些改革思路，在 20 世纪 80 年代末和 90 年代初国务院出台的住房制度改革方案中，都有所体现。

按照这些思路，当时的建设部开展了积极探索。例如，在烟台、唐山、蚌埠等城市开展提租促售、租售并举的改革试点，取得成功经验。例如，在全国探索建立和发展住宅合作经济。到 20 世纪 90 年代初，全国有 5000 多个住宅合作社，成立了全国性的协会组织，制定颁发了规范的住宅合作社章程；建设部还出台了城镇合作住宅管理办法，召开了两次全国性的工作会议。一时间，住宅合作经济呈现出广阔的发展前景。

但是，1998 年以后全面推行的房改，却偏离了最初的改革思路。只售不租使住房租赁市场至少沉寂了十几年，误导了人们的住房消费观念。住房供应方面，政府长时期缺位；私人建房始终没有得到法律和制度的规范；曾经生机勃勃、欣欣向荣，受到政府大力支持的住宅合作经济，突然间偃旗息鼓，了无声息。结果，开发商成了住宅市场的唯一供应渠道，没有任何竞争对手，使其居于市场的制高点，掌握了最终定价权。由此，才会产生五花八门、无奇不有的各种市场乱象和人间百态。各种势力、各类人等，纷纷聚集在开发商周围，分享房价大餐。普通购房者则成了砧板上的鱼，任人宰割。

在正常的市场经济秩序中，在平均利润率规律作用下，产业均衡发展。我国目前情况与此相距甚远，房地产业的利润高得离谱，导致全社会的资金、资源向这个行业过度倾斜，严重阻碍了实体经济的健康发展。需要指出的是，开发商的自然垄断地位，并不是开发商自己争来的，而是有关政府部门的制度安排的结果。任何人只要做了开发商，在行业内部竞争的巨大压力下，都必须追求利润最大化。而普通

住宅的利润水平不应该很高，甚至不该有利润（建筑、设计等行业有利润，但合作开发环节不应该有所谓利润），让开发商来负责普通人群的住房供应，是严重的供需错配。在巨大的居住性需求和巨大的投资需求的共同作用下，房价只会一路高涨，失去控制。后来，有关方面终于认识到，解决城市住房问题，政府不能缺位，承担起廉租房甚至公租房的建设供应责任。但是，城市普通收入人群的问题至今仍然没有得到解决，继续让他们挤在开发商的供应渠道里，只能是给投资、投资需求做垫底。限购也好、去库存也罢，都不能根本解决他们的住房问题。

总之，现在我国的城市住房市场，是一个没有充分竞争的市场，开发商处于自然垄断地位，这个垄断地位是现行住房制度和土地制度存在的缺陷所导致的，是规则本身出了问题。如果不从根本上改革制度，一味在管理的宽严上下功夫，无异于缘木求鱼，也是自欺欺人。多年来政府的调控，主要围绕短期因素，在货币供应、土地供应、限贷、限购等方面做文章，调控的效果不佳，房价甚至越调越高。其原因就在于，没有针对制度建设的缺失，深化改革。

改革住房制度的一个重要方向，就是习近平总书记说的"房子是用来住的，不是用来炒的"。我理解这句话的意思是，对于多数城市居民来说，买房子是为了满足居住需求，他们的住房属于耐用消费品，不能让它轻易地变异为投资品，特别是不能成为投资、炒作的对象。实现这一点的关键，是打破开发商对住房供应的垄断。一方面，要建立允许居住但不允许随意上市交易的住房供应新渠道。另一方面，要发展规范透明，切实保障居住权的住房租赁市场，当然，房主的合法权益也要保障。

显然，在城乡接合部利用集体建设用地建设租赁住房，是在开发商之外，开辟了一条可以住但不能炒的住房供应新渠道，标志着住房制度改革取得实质性重大进展。

需要指出，集体建设用地开发租赁住房这个口子开了以后，政府必须加强管理。首先，规划一定要先行，不能谁想干就可以干，更不能想怎么干就怎么干，要有规划许可，实施用途管制。其次是市场方面，工商、税务、环保、卫生、消防等各方面，都应及时跟进，既加强管理，又提供服务。

总而言之，集体土地建住房，是土地制度改革和住房制度改革的交会点，《通知》把两个方面的改革都大大推进了一步。作为一个长期在这两个领域耕耘的研究人员，我深深感到，《通知》是一个举重若轻的大手笔。

在坚定不移推进上述改革的同时，我们也应看到，现行土地制度和住房制度，都是 1998 年以后逐渐形成的，这恐怕不是偶然的巧合。考察当时的历史条件和背景，经过 20 世纪 80 年代和 90 年代向企业放权、向地方放权，20 世纪 90 年代初、中期，国家面临的突出问题是政府财政非常困难，财政收入占 GDP 的比重大大下降，最低的时候只有 10% 左右。特别是中央财政，尤为困难，很多关系全局的大事都办不了。为了解决这个突出矛盾，当时的国企改革、医疗改革、教育改革包括住房制度改革，等等，在很大程度上是考虑如何甩财政包袱。包括修改《土地管理法》，也更多考虑增加地方政府的收入。现在，社会上对这些改革非议较多，但如果还原当时的历史背景，应该也不难理解为什么会出台那些措施了。问题是当时确实有点"近视"，只考虑解决眼前困难，没有估计到它会引起那么多制度性矛盾，以至于我们今天必须要正视问题，深化改革。历史发展的逻辑就是这样，旧的问题解决了，新的矛盾又会产生，因此改革永无止境，没有什么一劳永逸的事情。

党国英

党国英，经济学博士。先后求学于陕西师范大学、兰州大学、中国社会科学院研究生院。现任中国社会科学院农村发展研究所研究员。2000～2014年先后任宏观经济研究室、乡村治理研究室副主任、主任等。担任多种政府、团体和企业的顾问、特约研究员等。

2014年度中国农村发展研究奖（杜润生奖）获奖人。获国务院特殊津贴、中国社会科学院优秀科研人员奖（2010～2015年）等。

出版《政治经济学的范围与方法》（合译著）、《驻足边缘》（文集）、《中国农村改革》《经济学理性》《中国农业、农村与农民》《数字与影像——中国改革30年》（主编、主笔）、《变革的理性》《城镇化战略》（二人合著）、《城乡一体化发展要义》（二人合著）等著作。主编《农村土地制度改革：国际比较研究》《农村治理：社会资本与公共服务》等著作。

主编或参与过其他多种学术著作的撰写，完成多项农村发展领域研究的报告，发表过大量经济评论。主持或参与多项国家自然科学、社会科学基金项目及政府机构委托研究课题。

土地规划管理机制

——一个被严重忽视的改革领域

党国英

各位领导、各位朋友：

下午好！

土地制度我们说了好多年了，这个改革其实是两个方面，一方面是我们多年非常强调微观的土地产权制度改革，另一方面是国家的土地规划管理体制改革。但多年来后面改革我们确实研究的比较少，从（党的）十八大以后看，这方面的改革动作也比较少，刚才黄小虎院长，他提出在土地改革当中的政府行为问题，这就已经难能可贵了，因为他在管理部门，（是）负责规划的领导，但全程来看这个方面确实做得不够好。

我对这个观点做一个论证。土地规划管理制度是什么？如果土地规划管理体制不动，产权改革是要打折扣的，不论所有权的名称叫什么，私有制、公有制，如果政府行为非常强大，可能你叫什么所有制的意义不是太大。英国大概80%多的土地是归国王所有，实际上英国人谁都想不起土地是国王的；美国尊重土地私有制，但专门研究美国土地规划的学者讲了一个情况，那里很多州不一样。得克萨斯州和旧金山，它们这两个地方因为政府介入的程度不一样，就导致了很不同的后果，但是都是私有制，几乎都是一个宪法。可见土地规划管理体

制特别的重要，后面还要进一步论证这个问题。

我把政府对土地规划干预做了一个总结，大体上有这么一些干预的方式。我们看传统资本主义已经注意到一些对邻居的伤害这样一些经济学的外部性问题，后来加入了环境的问题，就有一系列新的干预目的。进一步，有的国家通过对土地使用干预，影响社会平等。把土地当成影响社会平等的一个参数，英国美国都有范例（因为时间问题不能举例子）。

这个其实已经有了社会主义性质，什么叫社会主义，我的理解就是讲究公平、讲究平等。承认这样的干预，几乎成为一个价值准则了。还有四种干预形式实际就是一种国家主义，你看它对土地使用的干预导致利益输送，影响政治权利，甚至当成影响意识形态的一个工具，一般现代发达国家没有这样。有了后四种干预，其实前面干预的目的往往达不到。如果有人以为能达到，后面的四种干预有，同时前面的六种干预也有，彼此相得益彰，可以统一起来，我的看法实际上它就是乌托邦主义。

改革开放以来我们对土地规划体制有没有改革？当然有，但改革程度不大；有的改革其实就是一个说法，没有太大的可操作性。对于现在土地规划管理体制的特征，因为在座的各位都知道情况，我就不把我的PPT内容一个一个来讲了。我概括一下，我们对土地使用管得多，而且权力比较集中，这是我们的特点，这就不具体说了。

中国之所以选择这样一个土地管理体制，有着官方通常接受的理由，而且这些理由被我们广泛接受。第一个理由就是，我们国家人多地少，这个理由我认为是比较荒诞的，虽然很多人都认为讲得非常对。我们费了很大劲，查阅了很多资料，主要发达国家的人口密度，国土面积的人口密度比我们要高，这个数据在这里，就不再多做解释了。不少国家的国土人口密度比我们高的国家，人均的城市占地反倒比我们要高，中国人均城市占地155平方米，城市概念包括城关镇和建制

镇，如果不包括建制镇，这个人均城市占地还要小。德国、法国、英国、日本人均的城市占地要比我们高。这是一个情况。

表 1　部分国家国土人口密度

国别	美国	荷兰	德国	法国	英国	丹麦	瑞士	意大利	韩国	日本	中国
统计时间	2018 年	2018 年	2016 年	2017 年	2016 年	2017 年	2017 年	2017 年	2017 年	2018 年	2018 年
密度	33	414	232	123	271	134	205	201	513	335	144

说我们缺少土地，不能成立。我们的人口密度比欧洲一些国家要低，不要老说我们人多地少。荷兰人口密度远比我们高，它的城市被人们称为"紧凑型城市"，但它的人均城市占地比我们高出两倍多。荷兰的城市居住用地居然以独栋房为主。所以能以我们所谓"人多地少"这个理由来支持土地规划管理体制的合理性吗？

说我们人多地少，所以我们的土地价格应该高，这个也很荒诞，密度再高高不过日本，但是日本的土地数据不支持我们的判断。

还有另外一个忧虑是什么呢？政府不管的话就会滥用土地，就会糟蹋、浪费。好多学者动不动不经意之间就讲这个观点。那么我在这里给大家提供两个案例：

一个是洛杉矶郊区，因为洛杉矶自己的扩张带来郊区卫星城的出现，规划控制很弱，最能反映在没有规划的情况下形成的居民区是否会浪费土地，密度是否会很低，结果恰恰相反，卫星城比纽约的人口密度还要高。

还有休斯敦，休斯敦是没有用途规划的。我这两天为参加这个会进一步把数据做了一个整理，我就很意外。因为美国的城市 1 平方公里大概不到 1000 人，休斯敦居然有 4000 人。你想一下，我们认为没有规划的地方一定是乱占，结果它比美国的平均数高了 4 倍。我们所谓把市场看成洪水猛兽，由此可以看根本站不住脚。我跟一些房地产老板就谈过，我说如果我们放松管制会怎么样，你们会不会乱占耕地，会不会乱铺摊子。他们说我们怎么会那样，我们卖房子要考虑到买房人的便捷性，我们要考虑到我们房子要卖出好价钱，我们怎么可能乱占土地，随便这一下那一下，肯定不会的。

所以有足够的例证表明，我们所担心的事情不会发生，你就以为没有规划，别人就会乱占空地，其实人类对土地做规划的历史并不长，你看我们的古代城市是不是就乱占土地，不是这样的。这样做法的后果是什么呢？我认为后果要概括四个方面，效率低、抑制消费、居住贫困、社会紧张。

先说效率。我国农业从业人员中估计一半是"地畔农民"。因为前面农业专家已经讲到这个问题，我们动不动说我们是 38699 部队种地，其实，按我们在粮食主产区的调查，好多农民连工具都没有，根本就不下地。脱离了农业为什么不进城？因为不能举家进城。我认为最重要的原因是房价太高，房价太高是我们规划管理体制造成的。我们讲农业规模经营，其实今年和去年的形势不太好，有些规模大的农业投资者开始不要地了，原来定的流转合同要废掉，为什么呢？真正搞谷物生产，市场上的土地流转价格很高，高到和粮食生产的利润是一样的。我们看到的是两种地租率。给亲戚朋友流转土地的地租率是一个，而给大户流转土地的地租率则是另外一个，就是土地管理体制造成的。原因也与土地规划管理体制有关系。

反映效率的因素还有其他一些方面。这里我对经济密度做了考察，单位城市面积所产的 GDP，这是我们中国的情况，比欧美的两个口径计算的都低。我们的 GDP 比人家低，你老说你是规划，这个好那个好，这个成绩那个成绩，实际上比欧美差。

表2　部分国家经济密度比较

国别	日本	德国	法国	英国	荷兰	美国	丹麦	中国
城市人均占地（2010 年，平方米）	249	338	713	241	374	931	425	155

续表

国别	日本	德国	法国	英国	荷兰	美国	丹麦	中国
总人口（2015 年，万人）	12703	8263	6464	6349	1680	32262	573	
城市化率（2010 年，%）	67	74	79	90	83	83	85	
城市人口（万人）	8511.01	6114.62	5106.56	5714.1	1394.4	26777.46	487.05	
城市总面积（万亩）	3178.9	3100.1	5461.5	2065.6	782.3	37394.7	310.5	
各国农业比重（2014 年，%）	1.21	0.75	1.68	0.61	2	1.45	1.27	
GDP（2014 年，亿美元）	48721	36848	25836	26245	8257	193906	3245	
非农 GDP	48131.5	36571.6	25402.0	26084.9	8091.9	191094.4	3203.8	
城市经济密度－1（万美元/亩）	15.1	11.8	4.7	12.6	10.3	5.1	10.3	3.5
城市经济密度－2（万美元/亩）	10.3	8.8	3.7	11.4	8.8	4.3	8.9	1.8

再谈消费抑制问题。现在对"供给"与"需求"两方面的问题何者重要，政策研究者有不同看法。实际上总需求与总供给不能分开。供给效率低，带来收入低，就会影响需求；反过来，需求受到抑制，市场不能扩张，供给也就难以扩大。我国总需求中的问题当中不是投资而是消费。那么我们的居民住独栋房的话，我的判断是他们的消费模式会很不一样，我们住楼房就是抑制消费。

我把我国城市居民的居住形态用"居住贫困"来概括。为什么说叫居住贫困呢？因为我们和发达国家比，我们住的实在是太差了，发达国家土地的人口密度比我们高的国家，老百姓住得舒服，住得宽敞，住的空间大，我说的贫困是相对贫困，而我们城市居民的居住贫困这个问题我们是熟视无睹，我们以为我们很幸福，当然你比 50 年前要幸福，但是 2049 年中国要成为什么样的国家，你最基本的生活内容就是居住，你和人家发达国家如何比？

澳大利亚的一组房价数据对我们有启示。独栋房与单元楼房价格差距不大，我是想证明一个道理，就是在发达国家我们看到的情况，总体上，房价构成主要是建筑安装成本，土地价格相对较低，但我们

在座的各位体会一下，我们支付买房子的价格主要是付的土地价格。

最后，我谈谈深化土地利用规划管理体制改革的主要操作办法。

土地利用规划管理体制改革的核心想法是：①划出几个较为简单的土地功能区，由不同层级政府分别管理。②通过建设主体的趋利动机，使其市场行为尽可能接近合理利用土地的社会利益最大化目标，政府通过促成建设主体合作、基础设施投资引导、税收影响、执法监督、窗口干预等措施，对建设主体的用地行为进行调节。③通过立法对土地利用主体的行为做出限制，实现常规政策对部分土地利用规划的替代。④在特定功能区，政府原则上不再对建设用地规模及地块选择做出规定，不设置用地指标，只做关于用地行为合法合规性的事前或事后审查。

改革的具体思路是：

一、简化土地功能区设置

土地功能区划分不宜过于细碎，也不宜造成过多交错。可以考虑划分为以下几个类别。

农业保护区。划出约25亿亩的土地作为农业保护区，其中包括河流、道路、特色小城市、村庄、小型专业农户居住点以及其他公共设施。对保护区内的用地行为做出特别严格的法律规范，除去重大基础设施、国家安全设施、环境保护设施用地外，保护区内其他非农业居民生活用地及非农业经营用地只减不增。农业保护区的土地所有权按现行法律设立。农业保护区的用地行为监督由中央政府或其派出机构负责。此举有利于稳定土地利用预期，减低土地流转租金。

城市拓展区。将大于现有城市建成区3～4倍的土地面积划为城市拓展区，不划定城市扩展边界。在城市拓展区，用地行为符合法律规范的投资主体，可以自行在区域内选择地块投资。城市拓展区由市（地）级人民政府代行土地所有权职能。在我国立法分权体制有了更

大改革之后，若县级乃至县辖市级城市获得立法权，此项合法性审查权力可以相应下放到最低一级城市政府。城市拓展区范围里的农业区的土地管理由城市政府统辖。在城市拓展区建立投资主体建设行为与国家常规土地利用法规替代现行土地利用规划的机制。有了这种机制，相信城市拓展区的土地就不会在一个时期里全部转变为建设用地，而只是形成市场化的建设地块的选择机制。城市拓展区将长期保有可用于农业、林业及其他非城市建设用地。

生态建设功能区。将目前仍有一定人口分布、生态环境复杂、需要通过投入恢复生态功能的地区，连片划为生态建设功能区，对区域内的土地利用行为做出特别的法律规范。生态建设功能区由省人民政府履行管理职责。

生态保护功能区。将人口稀少、不适合人类居住，也不适合做大规模建设的国土，划为生态保护功能区。区域内不发展有常住人口的居民点，不建设大众享乐怡情性设施。生态保护功能区内的用地行为由中央政府或其派出机构负责监督。

二、监管主体行为规范

今后应对监管主体本身的行为做出规范，其中应包括：

第一，监管主体的行政级别与土地功能区监管的适用性规范。某类土地功能区的监管归属应予明确。

第二，监管行为的技术规范。可以将建设主体的建设行为分为不同类别，采取不同的监管行为，如对有的行为做事前审查监管，有的只做事后监管。

第三，监管程序规范。

第四，处罚规范。

三、用地行为规范

国家应通过立法建立用地行为规范。立法主体归属按土地主体功能区管辖主体归属确定。主要规范类别包括：

一是，建设地点规范。四类主体功能区采取不同的限制性政策。例如，在农业保护区，禁止非农业居民扩大土地非农业使用规模。

二是，占地规模规范。在不同的土地功能区，由不同管辖主体针对不同类别的建设项目，提出占地规模规范。例如，法律可以规定，一个城市的居民区占地面积不得小于城市建成区的45％等。

三是，所得税产生效能及资本充足规范。针对营利性组织可以做此项规定。对连续在一定时间不能产生所得税的企业，可以按一定原则提出土地转让的要求。

四是，不动产税征缴规范。对企业、个人及其他用地主体征收以土地面积为基础的不动产税，对政府等公共事业单位也做不动产税征缴评估，同时做出免税规定，以评估政府服务的成本多寡。

五是，相邻关系规范。根据用地单位的用地行为所发生的"外部性"，建立有利于外部行为"内部化"的法律规范。

六是，排放规范。对土地利用主体的各类污染排放及治理、补偿做出规定。

七是，景观影响规范。对土地利用主体所建设的建筑物以及生物景观做出评估，提出景观影响规范。

八是，多个土地开发商合作规范。政府支持开发商之间建立合作关系，解决大范围内的基础设施建设等问题，并制定相关法规。

九是，土地开发商与政府在基础设施建设中使用的合作规范。政府与开发商之间在基础设施建设中建立合作关系，并制定相关法规。

尹中立

尹中立，中国社会科学院金融研究所研究员，中国社会科学院金融研究所金融市场研究室副主任。被《北京晨报》评为"2004 年度中国十大财经人物"。曾就职于深圳市商业银行、中国投资银行、招商证券公司等。长期关注股票市场和房地产市场。现致力于房地产金融和资本市场的理论、政策及实务研究。

土地和住房问题的关系

尹中立

在党的十九大会议现场，当习总书记讲到关于住房制度这一段话的时候，全场长时间响起热烈掌声。"坚持房子是用来住的，不是用来炒的定位，加快建立多主体供给、多渠道保障、租购并举的住房制度，让全体人民住有所居。"前后只有49个字，但是全场响起了两次热烈的掌声。在整个十九大报告3.5小时当中，一共有70多次掌声，关于同一个问题响起两次掌声的只有两次，一个是关于外交捍卫领土完整的那个讲话，有两次热烈的掌声，另一个就是关于住房制度那两次热烈的掌声。这个热烈的掌声实际上含义非常深刻，它一方面反映出了所有的代表对住房制度改革高度的期待，同时也表明我们关于解决老百姓的住房问题的工作完成得非常之不好，不能满足人民群众迫切的期待和需要。

关于住房制度和土地制度改革，我们有必要从20世纪80年代初说起。这是1981年的10月，总设计师邓小平先生和（中国）香港的一个商人的一段对话，香港的商人跟邓小平先生提出一个建议，说中国内地现在的经济制度最不合理的就是住房制度。因为当时所有的城镇人口住房是实物分配，这种制度意味着城镇居民从一生下来政府就欠他一套房子，政府就背下了沉重的负担。另外当城镇人口进行调度，

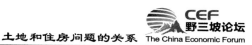

或者是死亡，这个房子要无偿收回，所以对居民来说，对这种住房制度也不满意。对政府和居民两头都不讨好，所以这个制度效率非常低。

如果采取香港的这套制度，只要土地使用权可以转让，可以获得大量的资金，就可以更好地解决内地的住房问题。

随后，中国的土地使用权转让开始在深圳进行试点。1987年12月第一轮土地使用权的转让在深圳开始进行。

当时我国的宪法和国土管理法明确规定，土地是公有和集体所有，土地的所有权和使用权是不能转让的。土地使用权有偿转让的制度首先在深圳特区开始试点，试点之后在全国人大进行讨论，然后通过了这样一个制度。

但是80年代的整个土地制度改革和住房制度改革并没有获得突破性的进展。住房制度改革迈出了更大决定性的一步是在1998年，1998年在内忧外患的压力之下，当时的总理朱镕基毅然决然地启动了住房制度改革，以国务院名义颁发了《国务院关于进一步深化城镇住房制度改革加快住房建设的通知》（国发〔1998〕23号，以下简称"23号文件"），"23号文件"是中国住房制度从计划经济向市场经济转轨的标志。

当时面临的内部困境是什么呢？是人口与住房就业的突出矛盾。中国在20世纪60~70年代那十多年时间，新增加了3亿多人口，这3亿多人口到1998年正好是在30岁左右的年龄，是要买房、结婚的年龄，但是那个时候中国人均住房面积只有10平方米，北京和上海只有7平方米，所以在面临住房矛盾的面前必须要改革。

外部挑战是亚洲金融危机对中国出口造成严重冲击。

上述两个冲击加在一起，导致了住房制度的出台。但是"23号文件"1998年的住房制度改革，设计的是多层次住房供应体系。当时设计者广泛吸收了全世界各个国家的住房制度的经验，确立了我们国家住房体系目标，大概是这样的比例关系：10%的最低收入家庭租赁由

政府或单位提供的廉租住房；70%的中低收入家庭购买经济适用住房；20%其他收入高的家庭购买、租赁市场价商品住房。

2003年新旧两届政府开始交接，朱镕基总理光荣退休，温家宝总理拿过接力棒。但是就在那一年的春天发生了一次突如其来的非典疫情，在非典的冲击之下，新任总理心里承受着巨大的压力，为了缓解疫情对中国经济的冲击，于是采取了宽松的货币政策。

截止到2003年6月，新增加贷款就超过了2002年全年的总额，于是中国人民银行在"非典"疫情获得了控制之后，开始控制信贷和货币。在当年的6月出台了121号文件，企图控制房地产投资的增长速度。这个文件出台之后，国务院在有关各方的呼吁和压力之下，在当年的8月出台了一个非常重要的文件，即《国务院关于促进房地产市场持续健康发展的通知》，是以当年的国务院18号文件形式颁布的。

2003年的18号文件确定了两个核心要点：第一是要把房地产建设成为支柱产业，这是在党中央的文件当中第一次有这样的提法。第二是要达到这个目标，要调整住房供应结构，因为1998年的住房供应结构是保留了大量的保障性住房的供应，但是在2003年开始调整住房供应结构，加大商品住房的供应比例，压缩保障性住房的供应比例。

为了落实国务院的18号文件精神，在2003年之后出台了一系列的相关配套制度，这些制度影响最大的是2004年3月由国土资源部等出台的《关于继续开展经营性土地使用权招标拍卖挂牌出让情况执法监察工作的通知》，规定所有经营性的土地一律都要公开竞价出让（即土地招、拍、挂政策），这是开启了中国土地价格上涨的制度性文件。其次是废除跨行政区的占补平衡制度，2004年4月，国务院出台《关于深入开展土地市场治理整顿严格土地管理的紧急通知》。

在影响住房制度的所有制度当中，还有一个十分重要的制度是《中华人民共和国土地管理法》，土体管理法第63条规定：农民集体所有的土地的使用权不得出让、转让或者出租用于非农业建设。简单来

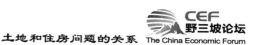

说，农村集体所有制的土地必须卖给地方政府，由地方政府获得合法的身份才能卖给开发商，中间的差价形成了财政收入。

当一系列的制度完成之后，就形成了所谓的土地财政，地方政府对土地财政的依赖越来越严重。2010～2016年，地方政府土地的收入占地方基金收入一直是在80%左右。

（党的）十九大确立新的住房制度变革新的方向，调整住房制度也是新时代的要求，中国整个住房的发展已经由高速的增长阶段向高质量发展阶段迈进。不同城市之间的住房供应，供求实际上是不平衡的。但是总体上已经是供求基本平衡，甚至在有些城市出现了供大于求的状况。

必须要改变我们的现行制度，它的核心就是要改变土地制度，其实前面的专家都已经提到，（党的）十八届三中全会关于土地制度已经破解，那个文件已经写得非常完整，但是过去的几年，这个土地制度的改革落实应该说步履维艰，难度很大，除了前面的财政难题之外，更难的问题就是金融问题。

今年的7月31日，政治局会议对上半年的工作（进行）总结，部署了下半年的工作，第一是稳就业，第二是稳金融，而稳金融的核心就是稳土地价格，稳房地产价格。假如土地价格和房地产价格开始下跌，整个中国的金融运行就会面临巨大的挑战。在以稳金融为导向的前提之下，土地制度改革应该说前景光明，道路漫长。

谢谢大家！

第五辑　城市化与京津冀一体化

　　京津冀地区的城市群的数量不少、规模不小，存在着诸如发育不足、发展不平衡等问题。作为一项重大国家战略，京津冀一体化在推进过程中存在哪些挑战？在城市化的进程中，京津冀如何打破机制体制性束缚，加快一体化格局的形成？

肖金成

肖金成，经济学博士，享受中国国务院特殊津贴。1997年，毕业于中国社会科学院研究生院，获经济学博士学位，后在南开大学做博士后研究。中国宏观经济研究院二级研究员、中国区域科学协会理事长、中国城镇化促进会副主席、中国区域经济学会副会长、中国社会科学院研究生院博士生导师、中国国际工程咨询公司学术专家委员会委员。曾任国家发改委国土开发与地区经济研究所所长、国家原材料投资公司财务处处长、国家发改委经济研究所财政金融研究室主任等职。

京津冀协同发展与城市群建设

肖金成

非常感谢有这样的机会和大家沟通。我研究京津冀合作多年，所以今天给大家讲一下京津冀的基本情况、基本问题、基本思路。

我们知道我国很多省的边界划分都是以大山大河分界，但是京津冀不是，北京和天津、河北之间不仅没有大山大河，而且是互相嵌入的，但是行政分割很严重，我们的行政体制把本来属于一体的分成三个部分，而且行政分割比高山、大河还要严重，正因为如此才引出了京津冀一体化问题。

京津冀的基本情况是什么？从总体上来看，这是一个不错的地方，因为土地面积只占全国的 2.45%，居住的人口占 8.08%，2014 年创造的 GDP 占全国的 10.44%，无论是人口还是 GDP，都高于全国平均水平。分开来看河北就显得非常差，比如说产业结构，河北省的三次产业结构，第一产业为 11.7%，高于全国水平，第二产业为 51.1%，高于全国 10 个百分点，第三产业也就是服务业 37.2%，低于全国十几个百分点，这就看出了问题，分开看有很大的问题，合起来又没有问题。所以说京津冀一体化非常重要，京津冀协同发展非常有必要。

京津冀地区存在什么问题？第一是北京出现了严重的大城市病；第二是京津冀之间经济发展差距很大；第三是区域经济合作步履维艰。

我们在 10 年前开始研究京津冀经济合作，觉得京津冀之间通过合作是能够解决这些问题的，但是合作恰恰是很困难的。北京的大城市病越来越严重，交通拥堵，导致效率丧失，雾霾导致呼吸不畅，严重影响首都形象。京津周边存在一个贫困带。

再看看河北的城镇化水平，2014 年是 49.3%，全国是 54.77%，咱们知道河北属于东部省份，属于东部沿海地区，但是城镇化水平远远低于全国平均水平。这是什么原因造成的？无非是产业发展不足，两市存在虹吸效应，经济要素向京津集聚。

再看看人均 GDP，河北省的人均 GDP 低于全国，全国是 4.6 万元，河北是 3.9 万元。河北省在北京、天津的周围，却连平均水平都达不到。

再看看各城市的人口，两大都市北京、天津两柱擎天，而河北的城市全趴在地上。北京的城市人口超过了 1000 万，天津的城市人口超过了 500 万，而河北没有一个城市的人口超过 200 万。所以才有了京津冀协同发展，才上升为国家战略。在首都周围存在这么大的问题，难道中央能坐视不管吗？京津冀不应该协同发展吗？

京津冀协同发展有以下两大重点：

第一是解决北京的大城市病，疏解北京的非首都功能。北京集中了太多的功能，创造了很多就业岗位，岗位多，收入高，当然大家愿意来。仅靠把人口往外赶不能解决根本问题，功能疏解到哪里去呢？《京津冀协同发展规划纲要》提出了"集中疏解与分散疏解相结合"的原则，分散疏解就是自己找地方，集中疏解就是到雄安新区。

第二是提升河北，缩小落差。必须缩小河北与北京、天津的差距，如果不缩小差距，北京、天津继续吸引大量经济要素到这两大都市，发展差距只会更大。所以不提升河北，人均 GDP 不提高，服务业比重不提高，公共服务水平不提高，京津冀就难以实现协同发展。我们河北的政治意识比较强，要做北京的护城河、京津冀的南大门，但是要

发展自己、提升自己才能成为护城河。

解决北京的大城市病，减轻北京的压力，根本措施是要缩小河北与北京、天津的差距，要采取什么措施呢？就是要规划发展京津冀城市群。河北的城市和北京市、天津市要有功能分工，要明确自己的优势在哪里，整个京津冀要优化布局，建立合理的城镇体系。消除壁垒，实现市场一体化。消除河北与北京之间的行政壁垒，实现要素的有序流动。北京、天津和河北要素要流动起来，所以要加强合作。

下面我就建设世界级城市群提几条建议。建设世界级城市群我觉得难度并不大，从城市的规模、城市的数量、城市的人口都没有问题。关键的问题是要解决北京、天津对河北的辐射问题、城镇体系问题，产业结构不合理的问题。

第一，规划建设新区等产业集聚区，培育新的经济增长极。要在河北培育新的经济增长极。现在大家都很关注雄安新区，而且中央文件明确，雄安新区要与深圳、浦东相并列。深圳是改革开放初期的特区，浦东是第一个新区。特区＋新区，雄安就是新特区，特区＋新区＝新特区。在河北培育一个新的经济增长极，培育增长极的目的是什么？带动河北的发展增长极是培育起来的。国家是培育的主体，国家要有大投入，这样才能把雄安新区培育成为京津冀的深圳与浦东。雄安新区一定要把深圳、浦东作为参照系，如果建了很多年，与深圳浦东毫无相似之处，那目的就达不到了。要把雄安新区培育成为京津冀新的经济增长极，这是规划建设雄安新区的目标。

我的思路是不仅要建设雄安新区，其他新区建设对河北也是很重要的，比如说曹妃甸新区、北戴河新区、渤海新区、冀南新区等，这些新区都是国务院文件里榜上有名的，还有正定新区，对石家庄的发展是至关重要的，这些新区也要集中产业发展城市。

第二，要提升京津双引擎对河北的辐射带动作用。过去北京、天津是虹吸效应，把河北要素向北京、天津吸引，现在要辐射带动。作

为一个大都市，一定要把周边地区带动起来。作为大都市，周边地区都是贫困带，一定会有很大的压力。

第三，扩大河北的城市规模，优化城镇体系。京津冀的人口很多、城市也很多，但是城镇体系不合理，京津两市城市规模很大，河北的城市规模都很小，城市体系出现断层，因此要优化城镇体系。通过集聚产业，增加就业岗位，实现人口聚集。

第四，发挥沿海的优势，规划建设沿海经济带。河北属于环渤海地区，前几年有一个节目，一些人在北京问走在街上的人，辽宁是沿海省份吗？很多人说不是。如果问河北是沿海省份吗？恐怕也有人认为河北不是沿海省份。实际上，河北的海岸线很长，海岸线是河北的优势，有了港口就和全世界联系在一起。那么多的港口不能仅用来运输铁矿石，要搞制造业，把产品卖到全世界。

第五，要强化城市功能分工，这是城市群形成的必要条件。过去的城市是孤立的，只和农村有关系，和别的城市没有关系。现在不一样了，城市和城市之间的关系日益密切，竞争越来越激烈。一定要进行分工，不分工就会产生竞争，甚至是恶性竞争。分工才能互补、合作，河北各市要和北京、天津进行功能分工，实现错位发展。

第六，要加强综合交通体系建设一体化与市场一体化。构建综合交通体系，北京、天津与河北的各个城市，要用高铁把它（们）联系起来。交通一体化才能实现市场一体化，不仅要消除心中的阻隔，在交通方面也要消除阻隔。现在的交通体系规划已经出来了，现在关键是谁拿钱的问题，因为没有钱，高铁体系建立不起来。然后就是市场一体化和公共服务一体化。要形成一个大市场，这样京津冀协同发展才能健康推进，才能在不长的时间内，使北京的、天津的、河北的公共服务水平相差不大，北京人愿意到河北来，当然更愿意到雄安来，雄安变成北京人想来都不好来的地方，雄安新区就达到了目标，一定让雄安新区变成有吸引力的，都想来，都争取来的地方，那时候雄安

就变成了大家向往的地方。

现在研究生毕业到哪里去？北上广深（北京、上海、广州、深圳），将来一定要加上雄安，北上广深雄（北京、上海、广州、深圳、雄安）。

谢谢大家！

黄群慧

黄群慧，现任中国社会科学院工业经济研究所所长、研究员、博士生导师，《中国工业经济》主编、《经济管理》主编、《中国经济学人》（英文）主编，兼任中国企业管理研究会副会长、理事长，国家制造强国建设战略咨询委员会委员，国务院反垄断委员会专家咨询组成员，2009 年享受国务院颁发的政府特殊津贴，2013 年入选"百千万人才工程"国家级人选，荣获"国家级有突出贡献的中青年专家"称号，2015 年入选文化名家暨"四个一批"人才，2016 年入选第二批"万人计划"国家社会科学领军人才。主要研究领域为产业经济与企业管理。曾主持国家社会科学基金重大项目、国家社会科学基金一般项目、国家自然科学基金项目以及省部级重大项目多项。迄今为止，已在《中国社会科学》《经济研究》等学术刊物公开发表论文 30 余篇，独立撰写、参与撰写著作 30 余部。其成果曾获孙冶方经济科学奖、蒋一苇企业改革与发展学术基金奖、第四届"三个一百"原创图书奖、中国社会科学院优秀科研成果二等奖和三等奖等。

京津冀产业协同与高质量发展

黄群慧

非常感谢马市长邀请我来参加此次论坛，其实刚才肖金成老师已经谈了京津冀协同发展的历史和总体情况。我跟肖金成老师都有一个共同的地方，我们都是河北人，一谈京津冀协同发展就都会站在河北的立场来谈一些自己的观点，也都希望我们的家乡越来越好。

我想谈一个主题，因为我们是做产业的研究，主要围绕河北的产业来谈一谈。现在谈高质量发展已经成为一个热点，自打（党的）十九大报告提出来高质量发展以后，现在各个地方、各个部委都关注高质量发展，也都提出要对高质量发展进行深入研究。

上午大家听了很多经济学家的演讲，经济学家非常喜欢谈全要素生产率（TFP），动不动就要讲全要素生产率。如果从经济学理论来讲，全要素生产率驱动的经济发展就是高质量发展。但是如果在座的是县长和市长，做实际工作的人，你会发现在现实中，拿全要素生产率去指导你的工作根本没有任何可指导性，因为那都是经济学家用复杂的数学模型算出来的。而且全要素生产率的计算还有一个问题，十个经济学家会用十个模型算出十一个结论，所以说用全要素生产率诠释高质量发展理论很正确，但是现实不具有可操作性。而现实可操作性的所谓高质量发展，它一定是一套指标体系，而这套指标体系很复

杂。我们围绕京津冀来做，做了一套京津冀指标体系。其实什么是高质量发展？就是基于十九大报告里，基于五大发展理念而发展的那就叫高质量发展，这就是基于创新、协调、绿色、开放、共享五大发展理念的发展。实际上，这也是京津冀协同的全部要求，因此，对于京津冀而言，京津冀高质量发展是和京津冀协同发展是一样的。

我们基于这五大发展理念，构造了一套很复杂的指标体系。根据这个指标体系，具体计算了河北、北京、天津的高质量发展情况，同时也计算了京津冀三地协同发展的情况。从计算的结果来看，京津冀总体高质量发展指数是逐年上升的，如图1所示。

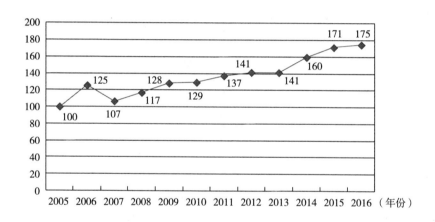

图1　京津冀三地的总体高质量发展指数

虽然这样衡量出来的总体高质量发展情况进展明显，但是，总体而言，京津冀高质量发展还需深入推进。对于京津冀高质量发展而言，最为关键的问题是河北的经济发展水平与北京、天津的经济发展水平有着巨大差异。我们曾衡量过京津冀三地的工业化水平，基本的结论是2015年北京、天津已经是后工业化阶段，而河北只是刚刚步入工业化后期阶段，河北与北京、天津经济发展要相差几十年的发展水平。正是这个原因，近几年三地产业协同效果并不十分理想，如表1，这

是我们的一个重点产业的问卷调查，可以看出，总体反映没有进展和进展缓慢的比例还占相当大。

表 1　京津冀重点行业的转移协作情况问卷调查

重点行业	受访人数（人）	问卷调查结果（%）				
		明显进展	有所进展	略有进展	进展缓慢	没有进展
电子信息	425	10.1	40.2	27.8	16.9	5.0
装备制造	418	13.4	40.7	28.9	15.1	1.9
汽车制造	400	17.8	34.0	24.8	18.8	4.6
化工石化	402	13.7	32.6	29.4	20.3	4
钢铁	391	23.0	33.5	19.7	17.9	5.9
金融后台	415	6.7	27.0	28.7	29.6	8.0
商贸物流	415	23.4	36.6	24.6	13.5	1.9
电商物流	399	15.1	36.8	29.1	15.5	3.5
文化创意	399	10.0	31.1	30.1	21.8	7.0
教育培训	401	8.0	29.4	27.4	27.2	8.0
健康养老	446	8.7	31.8	24.4	27.2	7.9
体育休闲	450	8.0	29.8	26.2	25.8	10.2

　　为什么北京产业转移到河北比较困难呢？从企业家来说，我把这个钱投到河北、天津还是北京？关键取决于投资的回报。有研究计算了京津冀三地的工业投资回报，如表 2 所示，可以看出，河北投资回报远远低于北京和天津，那么谁愿意把产业放在河北呢？

表 2　京津冀三地工业投资效率（2016 年）

区域	工业增加值（亿元）	工业增速（%）	固定资产投资（亿元）	投资效率
全国	296236	6.1	231826	0.78
天津	8003.9	8.0	3940.5	0.49
河北	15058.5	4.9	15758.8	1.05
北京	4774.4	5.6	722.9	0.15

在这种背景下，京津冀产业协同和高质量发展依靠市场力量推进的难度很大。要真正做到这一点，从理论上说，你的行政壁垒必须打开，打开的意义在于说我要重新做整个产业生态，不要固守于三地的产业分工了，而应该打造一个统一的产业新生态。通过供给侧结构性改革，整体优化资源在三地的区域配置和产业价值链分工格局，提高供给要素质量，促进要素合理流动，再造一个新产业生态系统。这个新产业生态系统与原有的产业生态系统的关键区别是，京津冀三地工业资源配置更科学，产业价值链分工更合理，具有更高的创新能力与全要素生产率，更有利于生态环境保护，增长方式从劳动力和物质要素总量投入驱动主导转向以知识和技能等创新要素驱动主导。这可以通过一个示意图（见图2）来表明产业生态系统的内涵。

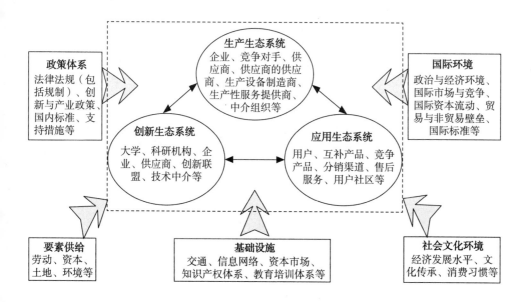

图2　产业生态系统的内涵

从图2中可以看出，打造新的京津冀产业生态十分困难和复杂。在这个过程中，建立雄安新区，这也就成为非常关键的重大举措。雄

安新区的有关规划已经出来，雄安新区要建立一个高质量发展的样板。我们已经解释了高质量发展，主要体现了五大发展理念要求，显然雄安新区作为高质量发展的样板，更要符合这五大理念。

《雄安新区发展规划纲要》（以下简称《纲要》）2018 年 4 月发布，明确雄安新区到 2035 年未来发展高端高新产业的方向。瞄准世界科技前沿，打造全球创新高地，面向国家重大战略需求，通过承接符合新区定位的北京非首都功能疏解，积极吸纳和集聚创新要素资源，高起点布局高端高新产业。提出了以下重点发展产业：新一代信息技术产业、现代生命科学和生物技术产业、新材料产业、高端现代服务业、绿色现代化农业五大产业，同时要求推进军民深度融合发展，加快改造传统产业，推进产业向数字化、网络化、智能化、绿色化发展。应该说这个规划做得很好，但这个规划我们要做，也会面临一些新的难题：第一，雄安新区发展高端产业和全球创新中心定位如何与北京正在构建"高精尖"经济体系和科技创新中心定位实现协同发展。第二，《纲要》规划中具体的产业方向选择如何与新工业革命背景下新一代科技革命和产业变革日新月异的变化相适应。第三，《纲要》规划的产业发展如何与河北省其他地区实现有效协同。第四，如何有效地将《纲要》规划产业发展与城市建设需求结合起来，包括白洋淀治理与环保问题的需求。第五，如何有效建设雄安新区的城市创业环境和努力培育企业家精神。

要解决好上述难题，我认为要做好以下五方面：

第一，创新补位：雄安新区产业和科技创新的定位应该要着眼于解决中国产业和科技创新发展目前存在的重大急迫的现实问题。一方面，雄安新区作为全国高质量发展的样板，理应探索解决中国产业遇到的自主创新能力弱、知识产权保护不够、周期性产能过剩等问题。另一方面，从未来发展看，雄安新区要实现更快速的发展不应局限于北京的创新要素资源，而是应该利用全国乃至全世界的资源来发展。

第二，区域补位：雄安新区的科技创新和产业发展要树立京津冀整体协同发展，并从全球角度形成与长三角和粤港澳大湾区错位竞争的理念。

第三，时序规划：雄安新区发展高端高新产业，短期要突出科技成果应用示范，并与城市建设自身需求结合起来，长期要把握高新高端产业的核心技术寻求突破。作为新业态、新技术、新模式应用示范的窗口，雄安新区产业发展应考虑城市建设过程的需求，通过城市建设培育出满足未来之城需求的产业，包括环保产业。从短期来看，雄安新区在起步阶段可以发展产业链比较短、偏向服务和软件应用的信息产业，进而破解京津冀产业发展水平梯度明显、一体化程度较低的问题。从远期来看，雄安新区要以信息技术和金融为基础来构建城市的产业体系，把握信息技术的核心，以产业技术和模式带动相关产业的发展，搭建好平台来集中软硬件资源，为产业发展提供服务和解决方案等。

第四，链条协作：产业发展要统筹考虑与周边地区协同发展，着力解决发展空间不足和产业配套相关问题。解决与河北及周边地区的产业协同发展，形成产业链和创新链协作配套关系。从产业链的角度看，雄安新区应做当中的某一环节，如设计和研发环节，还可以重点发展"母工厂"，而大规模的生产制造应该在河北及周边地方来实现。同时，在招商引资中，雄安新区要与周边城市共同招商引资，共育产业链，共同打造产业创新生态。

第五，基础保障：产业发展要高度重视相应基础设施、制度创新和专业人才作为基础保障。

以上是我对京津冀高质量发展，尤其站在产业角度来谈高质量发展的一点研究成果。

谢谢大家！

张国华

　　张国华，现任国家发改委城市中心总工程师，国土产业交通规划院院长。博士，教授，高级规划师。社会兼职主要有：北京交通大学和北京建筑大学兼职教授、中国城市规划协会专家、信息社会50人论坛成员、蚂蚁金服学术委员会委员、中国远见智库论坛专家、一带一路百人论坛专家委员会专家。研究方向包括：新空间经济理论和新制度经济理论、"产业·空间·交通"的新型协同规划技术体系、城市群和国家中心城市规划、国土空间规划体系、综合交通枢纽整体规划设计、多层次轨道交通体系规划、智慧城市规划、基础设施投融资等新型城镇化领域。

城市化与京津冀一体化：
公共服务业定成败

张国华

谢谢野三坡中国经济论坛的邀请，得以有机会到这来和大家共同交流，我今天发言的题目是"城市化与京津冀一体化：公共服务业定成败"，重点谈如下三点内容：

第一，为什么公共服务业会决定城市化与京津冀一体化的成败？

首先，从城市化发展路径来看，过去 30 多年中国城市化中的发展路径是人跟着产业走，对应于城市化发展模式是"房地产+园区+港口/高速公路+宽马路"；未来城市化竞争力提升面临转型，那就是发展逻辑转变为产业资本跟着人才走，人才跟着城市的公共服务和生态环境走，对应城市发展模式则是"公共/服务业+TOD/街区+机场/高铁+轨道"；恰如乔尔·科特金所言："哪里更宜居，知识分子就选择在哪里居住；知识分子选择在哪里居住，人类的智慧就在哪里聚集；人类的智慧在哪里聚集，最终人类的财富也会在哪里汇聚。"

其次，在城市群一体化的发展路径上看，城市群作为我们国家城市化的主体形态，城市群是国家经济要素的精华所在，是参与全球化竞争合作的最高端平台。但我国城市群与世界发达国家城市群相比存在巨大差距，主要体现在：大城市功能过度聚集，尚未形成与周边中

小城市合理分工、功能互补、协同发展的区域一体化产业体系；城际交通网络严重滞后于城市群发展需求，区域发展协同机制落后，"一亩三分地"思维定式乃至"以邻为壑"体制困境亟待突破。所以国家提出了京津冀城市群协同发展战略，重点是交通一体化先行，产业一体化作突破口，城市群一体化作为空间载体等五位一体，但在实际工作推进中还停留在就"交通"论"交通"，就"产业"论"产业"，就"城镇空间"论"城镇空间"的传统区域发展模式，在京津冀一体化的推动中处处都是壁垒，最需要解决的是中心城市与周边中小城市之间的公共服务"悬崖"问题，这道悬崖不仅存在于北京、天津和河北之间，同样也存在于北京城市中，北京最好的医院和中小学大都集中在四环、三环（以）里，这道公共服务的"悬崖"还存在于我们每个人身边，比如大家关注世界上最好的大学校园大都是开放式的，而北大、清华校园则是封闭式的，因为北大、清华校园内的公共服务和生态环境比校园外好得多，只要这道悬崖存在，那么我们"看得见和看不见"的断头路肯定存在，所以如何构建城市群的公共服务一体化才是城市群一体化的关键所在。

最后，今天在座的很多领导和老师都是国内外著名经济学家，大家注意到了，党的十九大报告在深化供给侧结构性改革中明确提出："建设现代化经济体系，必须把发展经济的着力点放在实体经济上……促进我国产业迈向全球价值链中高端，培育若干世界级先进制造业集群，加强水利、铁路、公路、水运、航空、管道、电网、信息、物流等基础设施网络建设。"值得关注的是，报告将产业转型升级与交通基础设施网络放在一起提出，在以前各种报告里是从来没有过这种表述方法的，这强调交通基础设施与产业发展的重要关系，具有深远而重要的意义。

第二，做什么？才会使得公共服务业会决定城市化与京津冀一体化的成败。

基于不同经济和交通条件下，人口的空间流动、产业的空间变迁才是重塑京津冀城市群空间的关键力量。这就需要我们研究交通—产业—空间协同的基础性理论和规划方法。

经典经济地理学关于农业、工业、服务业区位论，重点研究了产业在空间布局上与交通有着紧密的关系。那分别是，农业在空间上的布局是沿着铁路、河流和城市展开的，距离城市越近，附加值越高；工业在空间布局方面，交通区位决定了工业区位的基本格局，产业集聚和劳动力集聚带来了第一次和第二次的偏移；商业、服务业是我国城市发展的重点，市场原则适合低等级中心地，比如理发店和菜市场，行政原则适合中等级中心地，那就是医疗、教育这些产业，按行政区划来配置，交通原则适合高等级中心地，就是CBD、大型的商贸中心。所以在京津冀城市群协同发展，北京疏解非首都职能，乃至雄安新区发展中政府可以直接主导的是，教育与医疗为代表的公共服务业；间接主导的是大型交通枢纽构建，并引导生产型和生活型服务业集聚区的重新布局；其余产业的发展，乃至疏解，更多的应该是市场在资源配置中发挥主导作用。

按照不同类型的集聚产业和交通运输成本的敏感度相关性，可以划分为资源、资本和信息三大集聚类型。资源能源型的产业基本特点是运输成本通常占生产成本的比例达到30%以上，所以需要低成本的运输方式，就是港口、水运、货运铁路，我们国家的钢铁化工代表着资源能源产业，基本就是沿海沿江。资本密集型产业，它以资本为代表的产品快速流通，流通的效率越高，其资本利润率越高。另外，对产品要求能快速实现从工厂门口到客户门口，能实现门到门运输的，就是汽车、公路运输。所以我们国家这么多地方搞工业园区、经济开发区、高新区，哪个不是在高速公路沿线布局？到现在为止，这些园区、新区搞得成功的，没有一个不是在高速公路沿线布局的。信息密集型产业需要信息快速流通。但对信息经济来讲，仅仅有信息的快速

流通是不够的，因为对信息产业来讲，人和人之间面对面的交流，没有哪种方式能取代，如现在的互联网、电视电话会议、VR 技术等。因为对信息来讲，我们面对面交流，语言交流部分只占信息交换量的不到 50%，大量的信息是靠我们面对面之后双方的眼神、肢体语言甚至情绪、气场的相互影响。这些东西没有哪种科学技术能取代，你不知道下一分钟情绪是什么样。信息的载体就是人，更要快速流通。所以它对应的就是航空和高铁。进一步来看产业的空间规律则是，制造业向成本洼地集聚，生产性服务业向要素高地集聚，所谓的"逆城镇化"，主要是制造业外迁中阶段性现象；服务业特别是高端服务业中心化则是不断集聚！上海是以制造业为主导的城市，以上海为中心，200公里（为半径）画个半圆，周边城市都很好；而北京则是以服务业为主导的城市，所以我们看到北京对周边的虹吸效应是困扰京津冀协同发展的重要问题，以北京为中心，200 公里（为半径）画个圆，周边城市要多差，就有多差，但并不是北京周边城市没有机会，随着生产服务业的发展，会延伸出大量的休闲、消费、会议需求。这就是河北发展的机会和空间，很高兴看到野三坡和保定正在向这个方向努力，野三坡和今天会议所在地有这么好的环境，如果我们从首都机场和北京来这边在路上只需要花费 1 小时，而不是 3.5 小时，那么我们可以相信这个发展空间和潜力是巨大的。

京津冀城市群一体化需要紧紧抓好交通—产业—空间协同发展，一个是城市群，重大基础设施、产业布局、城镇体系结构要高效协同起来，协同好了再看城市内部，城市交通网络、城市的功能结构和空间形态，这个再协同起来，城市才能高效运转，才能把今天面临的城市拥堵、大城市病系统地解决了。比如，哪些地区是资源能源型的产业区位，哪些是资本密集型，哪些是信息密集型，这些产业哪些是面向全球服务的，哪些是面向全国服务的，哪些是面向区域服务的。相应地，交通服务网络，配置到相应高的水平，空间资源上给产业配置

集约高效。更好地支持参加全球竞争合作，这样未来我们的产业在全球的竞争、合作中才有更大的作用。同时城市层面，城市将来主要是两部分，构建发达货运枢纽体系支撑制造业为代表的产业布局，发展以轨道交通为代表的客运疏运体系契合城市的生产性服务业、公共服务业和生活性服务业的中心体系，这样才能更高效组织好京津冀城市群产业和（提高）空间的组织效率，进一步全面提升全要素生产率。

第三，怎么做？才会使得公共服务业会引领城市化与京津冀一体化走向成功。

首先，来看京津冀城市群的核心，走向世界城市的北京，为北京选择一个对标的城市，那就是伦敦，因为伦敦市是全球最具活力和吸引力的世界城市，伦敦作为全球最早修建地铁的城市，当下整个城市最重要的基础设施项目是穿城快速轨道交通 CROSSRAIL，该快速轨道把伦敦的世界性产业空间如金融城、金丝雀码头、牛津街、庞德街、摄政街伦敦西区、南岸中心、克勒肯维尔等和希斯罗国际机场高效组织（起来），以支持伦敦更好地参与全球竞争和合作，所以目标是建立在轨道上的京津冀城市群，城市化与京津冀一体化发展都需要紧紧抓住以轨道交通基础设施建设与服务业发展的协同。

北京的公共服务业集中在中心城区，外围新城以居住为主，配套服务业没有随人口迁移，新城缺少就业岗位，成为卧城；早晚高峰的潮汐交通成为顽疾，是大城市病的病根所在。东京以轨道站为中心构建综合体，公共服务业与服务业交织，人口与就业同步疏解，新城有活力、中心城功能疏解。京津冀一体化的公共服务业空间发展要走好TOD之路与交通—空间协同之路，转变过去以住宅开发为核心的思维，公共服务、服务业不是配套，而是真正的价值配置杠杆！围绕轨道站点配置集中公共服务和服务业资源，促进产城融合。

其次，京津冀一体化的服务业创新之路需要从"硅谷"转型到"硅巷"，硅巷模式是营造良好的思想交流空间环境，特别是优美街区

制的发展，用来表征知识经济下创新创业文化和空间的活力。是硅谷升级版，在纽约曼哈顿老城区，成为继硅谷之后的美国第二大发展最快的互联网和移动信息技术中心地带。没有佛罗伦萨这条弯曲的小街道，就没有欧洲文艺复兴；华尔街——500米长窄窄的街道，集聚了世界最大规模的金融从业者，在这边的咖啡馆喝咖啡，能感觉到我的竞争对手在街对面喝咖啡，他们今天可能不需要语言交流，我就只需要打个照面看你的眼神就知道你在干什么，创造了交流的密度和浓度，这才是美国金融创新的空间生态所在。虽然我国城市化成绩巨大，但上海、天津、武汉、青岛等城市最具活力和吸引力的地区仍然是：百年前的租界地区。这些地区的空间形态是窄马路、密路网、沿街底商。以人的交流和商业活动为根本尺度，服务于商业和服务业发展。制度保障则是历史上的产权保护和法律保障，小地块便于产权交易和租赁。经验教训：历经百年的战乱、文革等破坏，但依然最具活力。新城新区，从我国城市发展的经验教训中学习到了什么？如何构建以人的活动和服务业发展为根基的城市发展模式？

最后，京津冀一体化之路根本在创新，关键是处理好政府与市场的关系。首先看日本筑波和美国硅谷的对比，筑波的配套公共服务跟不上，筑波人成为东京的候鸟。硅谷则是发达的教育和医疗条件为硅谷精英提供生活保障。再看巴黎和伦敦的对比，巴黎中央商务区，拉德芳斯则是政府主导开发，大规模、大尺度统一建设，形象大于功能，秩序大于活力；而伦敦中央商务区，金丝雀码头则是市场主导开发，小街区小地块、分期建设，功能混合，活力创新。所以城市化与京津冀一体化关键是引入市场力量、打造高品质公共服务，创建 TOD + 硅巷主导的公共/服务业创新发展模式，这不仅取决于理念和技术的创新，更决定于制度创新，如何让市场在城市化中发挥决定性作用。

京津冀一体化的制度创新关键是以公共服务业发展的改革创新，基本公共服务高标准建设是疏解北京非首都功能的重要前提，促进实

现基本公共服务均等化，让市场在公共服务创新发展中发挥主导作用。市场和政府合力配置公共服务资源，全面提升城市竞争力，这需要重点关注以下三方面：①突破产业生长周期与政府任期制，这类产业没有十年时间做不起来，而一届政府才五年，前人栽树后人摘果的事情，不能寄希望于当下的体制。②注意区分基本公共服务与革命配给制，教育、医疗的基本公共服务应该是低标准的，而不是当下延续自革命时期配给制的高标准。③基本公共服务需要财政补贴，未来财政税收体制如何与公共服务发展相适应，同样需要有为政府在财税体制改革中有所作为。

城市化和京津冀一体化中竞争力提升需要把握产业集聚与运输成本之间的互动机制、产业集聚规律和空间结构优化与综合交通体系之间的空间协同关系，做到交通、产业和空间三要素的高度协同，全面提升产业组织和空间组织的效率和竞争力，让产业从绝对优势、比较优势走向可持续的竞争优势，让生产空间集约高效、生活空间宜居适度、生态空间山清水秀；在决定城市化与京津冀一体化成败的公共服务方面，城市政府需要在城市化与京津冀一体化发展中因势利导地提供所需的公共服务与社会治理；全面走好市场经济之路，让市场经济去奠定繁荣崛起的基石，催生良好的公共管理，更促进城市繁荣崛起。

谢谢大家！

第六辑　进城与下乡

　　进城与下乡，是城乡互动格局下两种并行不悖的要素流动方式。由于长期存在的制度障碍和政策偏向，妨碍城乡融合。如何赋予农民城市权利，实现人的城市化？如何破除乡村封闭性，实现乡村向城市人的开放？如何通过生产要素的对流与配置达成乡村现代化与新型城镇化的双赢？

王小鲁

王小鲁，经济学博士，国民经济研究所副所长、研究员，中国经济体制改革研究会常务理事。20 世纪 80 年代曾任中国社会科学院内部刊物编辑、《中国社会科学》期刊编辑，国家体改委中国经济体制改革研究所期刊主编、发展研究室主任。20 世纪 90 年代曾在澳大利亚国立大学访问、学习，获博士学位。曾任多所国际机构和大学的访问教授、访问研究员。长期从事中国经济体制改革、经济增长、收入分配、城乡发展等研究。发表中英文学术论文逾百篇。两度获孙冶方经济科学奖，获澳大利亚国立大学杰出博士论文奖、首届中国软科学奖。数次被全国性期刊评为对中国经济和公共事务有重要影响的年度人物。

关于城乡人口流动问题

王小鲁

大家好！今天讲的内容主要是关于进城和下乡的问题，根据这一主题，我想讲讲城乡之间人口流动的两个问题。

第一个是关于进城人口的市民化问题，我们的城镇化率去年已经达到了58.5%，城镇化进展很快，当然这是按官方的统计口径，如果按刚才党国英教授提出来的问题还有很多可琢磨的地方。

我们大体上用官方的城镇化率来看一下，我们过去改革40年中，城镇化的进展是蛮快的。改革初期是17%，现在是58%以上，这个城镇化的进程中缺了什么？在我看来有一个明显的薄弱环节，就是有大量的农村进城人口没有落户，没有变成实实在在的城镇人口，没有市民化，没有能够在城镇里长住下来，享受和别人同等的市民待遇。

到现在，我们按照官方统计还有2.25亿城镇常住人口没有城镇户籍，因为没有城镇户籍，所以有一系列相关的问题，很多人没有医疗保障，没有子女接受教育的同等权利，没有住房保障，有一系列的公共服务他们没有享受到。而且因为没有保障，没有固定的住所，他们可能到年老的时候必须回到农村，因为他们在城镇住不下来。等他们回去的时候，他们连养老金都没有，回到农村还要自己谋生。特别对我们作为一个社会主义国家来说，长期保持这样的状态，几亿人没有

城镇户籍，不能享受同等的待遇，是不合理的，这种情况是不能长期持续下去的，需要尽快改变。所以我觉得当前在城镇化进程中，重中之重是解决农村到城市的转移人口安家落户，获得社会保障和获得平等的市民待遇。

我们看一下，根据国家统计局的数据，外出农民工参加城镇社会保障的覆盖率是多少。我们看到统计局公布的数据到 2014 年，2014 年以后没有看到新的数据。我们拿 2014 年和 2011 年相比，可以看到工伤保险覆盖率从 23% 上升到 29%，这些外出农民工中有 29% 的人参加了工伤保险。参加医疗保险的人从 16% 提高到 18%，养老保险从 13% 提高到 16%，失业保险从 8% 提高到 9.8%。到 2014 年为止，农民工的社会保障覆盖率还是非常低的。而且在这 3 年中间，进展还是比较慢的，所以可以预料如果我们有最新的数据，不会有太大的变化，也许有两三个百分点的上升。

如何解决这个问题呢？2014 年《国家新型城镇化规划》提出来一个目标，就是要把户籍城镇化率从 2012 年的 35% 提高到 45%，要提高 10%，当然 10% 还是很大的进步了。实际上进展情况怎么样呢？2017 年公布的户籍城镇化率比 2012 年实际提高了 7 个百分点，看起来还不错。从 2012 年到现在，毕竟我们看到了 7 个百分点的进步。但是还有问题的另一面，就是同一个时期常住人口的城镇化率也提高了 6 个百分点。因此城镇没有户籍的常住人口，减少非常有限。2012 年是 2.34 亿（人），2017 年是 2.25 亿（人），5 年仅仅减少了 900 万人。我们到什么时候能够解决这 2 亿多人的问题？如果按照 5 年解决 900 万人的速度来计算，再过 20 年我们还会有 1.8 亿城镇常住人口没有户籍。所以在我看来，城镇户籍改革必须提速，让大量农民工获得城镇户籍，能够在城市里住下来，能够享受市民待遇。

户籍改革怎么提速？我想有几个问题。一个是我们要改变城市对农民工落户条件过严、手续过繁的状况，这个证那个证，你要有七八

个证，然后有各种规定，哪一项规定达不到标准你也不能落户。实际能够符合这样严格的标准的农民工数量是有限的。所以这个进展恐怕还是不够快，所以在我看来，特别是大城市要加快户籍改革。

现在很多大城市在搞抢人大战，抢大学生、技术人员。但是已经在城市里长期工作的这些农民工怎么办？我们的城市管理者想过没有？有没有方案，有没有一套设计来解决这些问题？有些超大城市还在搞驱赶"低端人口"，这种情况我认为要严格禁止，我们是社会主义国家，我们要抛弃把人分成三六九等的陈腐过时的观念，要公平对待所有公民。政府要以向社会各界公众提供服务作为自己的第一要务，而不是把自己摆在高高在上的位置上。

我们要解决这个问题，还涉及一些相关的问题，有人说你要加快户籍制度的改革，相应地，政府要增加公共服务的支出，要增加支持社会保障的支出，政府按照目前的财政能力，恐怕没有那么多钱，解决不了这么大的问题。这个看法对不对？在我看来，取决于你从什么条件出发来做这个判断，如果你说现在的各项政策制度都不改，现在的政府支出结构不要改，政府要花的钱都照样花，然后剩下来的钱给农民工解决进城的问题，那结论就是刚才说的那样，没钱了，对不起，解决不了。

但是现在我们看到很多地方政府花大量的钱用于固定资产投资，然而很多投资是缺乏效率的，是无用的。我们看到全国各地，成百上千个开发区、高新产业区，很多这样的开发区花了大量的钱投资，但是最后还是空的，没有多少企业进入。我们看到很多城市，花大量的钱拆旧城建新城，马路铺完了又挖，挖完了又铺，很多楼房用了20年拆掉，然后要建更高、更新、更漂亮、更豪华的大楼。

但是同时我们说没有钱来解决这些进城人口的市民化问题。我认为这说不过去。所以要解决这个问题，我认为突出要做的是要改变政府的支出结构，把不必要的投资压下来，把不必要的政府行政管理支

出包括三公消费压下来，拿出钱来给农民工解决安家落户的问题、保障和服务问题。

第二个问题我讲讲城市居民下乡。最近这些年我们看到一个现象，很多城市居民利用节假日，空闲的时候下乡休闲度假、体验乡村生活，带着孩子到农村去住一住，去搞搞采摘、采购特色产品，同时我们还看到很多城乡居民之间，建立了直接的购销渠道，你种的是无公害的产品，你不上化肥、农药，我就定点来找你买，你的农产品定期地给我寄来。这样的购销渠道现在已经相当普遍了，有很多这样的情况。这些现象我觉得是一个非常有意思、非常新的现象。

一方面，通过这种方式城市居民释放了消费需求，而且促进了城乡居民之间的了解、联系，拉近了他们的距离。城市的很多孩子从来没到过农村，没见过农作物是怎么长出来的，是怎么收获的，带孩子到农村去看一看，去体验一下，去看看农民怎么生活、劳动，是非常有必要的。

另一方面，这种活动不但满足了城市居民的需要，也满足了农村居民的需要，因为城市居民在农村消费，他们和农村居民建立购销渠道，购买农产品，这些都会帮助农民增加收入，进而改善农村的基本条件。

同时我们看到，因为大量的农村人口向城镇转移，所以很多地区农村青壮年走得差不多了，有些人全家搬迁，长期不回来，房子和宅基地空在那儿。将来这些人如果能够在城镇安家落户，他们在农村闲置的宅基地，必然是一笔空闲的资源，需要得到有效的利用，否则的话农村就会出现衰落的现象，以及出现大量的房屋土地闲置荒废。

要解决这个问题，我们是促进城乡之间的交流，以及促进城镇人口下乡和农村建立联系好呢？还是阻断这种交流好呢？在我看来阻断不是办法，更好的办法是促进这个过程。让农村的土地资源，闲置的宅基地、集体建设用地能够得到有效的利用。这个有效利用实际上也

会给农民增加一笔相当数量的财产收入，对于改善农村状况，阻止农村地区的衰退是会非常有作用的。

现在阻碍城里人下乡的瓶颈在哪儿？首先城里人要下乡不能没有居住条件；而且农村要办一些旅游度假和观光农业，不能没有服务设施，要搞这些服务设施，农村居民投资能力不足，因为他们的收入有限，城市居民参与投资是好事。

但是现在有什么问题呢？城里人要下乡，我要买农村的宅基地，搞个度假别墅，现在的问题是闲置的土地不能转让，压缩了投资空间，使资源不能够得到有效利用。比如说有一些规定，说宅基地只能转让给本村的居民，不能转让给外来人口，也不能转让给城里人。集体建设用的转让只限于乡镇企业用地，有人说只有乡镇企业用地才叫作经营性的建设用地，才能转让，其他的都不能转让。如果按照这样的规定，那么土地市场是无法开放的，土地的有效利用是无法实现的。

这些限制性的政策在我看来必须清除。我们必须加快建设土地市场，加快土地的流转。实际上（党的）十八届三中全会决定已经讲得很明确了："建立城乡统一的建设用地市场。在符合规划和用途管制前提下，允许农村集体经营性建设用地出让、租赁、入股，实行与国有土地同等入市、同权同价。"

所以促进人口流动，需要解决的就是这些制度和政策方面的问题，需要加快推进制度的改革和政策的调整。

谢谢大家！

刘守英

刘守英，中国人民大学经济学院教授，博士生导师。毕业于上海复旦大学经济系，美国威斯康星大学农经系与土地研究中心及美国哈佛大学肯尼迪政府学院访问学者。曾任国务院发展研究中心学术委员会副秘书长，农村部副部长，国务院发展中心城乡统筹基础领域负责人，《中国经济时报》社长、总编辑。

在国内外核心期刊上发表论文近50篇。其代表性论文有《土地制度改革与国民经济成长》《集体建设用地进入市场：现实与法律困境》《家庭责任制下的土地制度和土地投资》等，其翻译著作主要有《财产权利与制度变迁：产权学派与新制度学派译文集》（上海人民出版社2004年版）等。

城乡互动的特征与改革

刘守英

今天我们的主题是讲"人"，我临时把这个题目改了一下，整个主题就是城乡互动。我今天主要是讲"人"，下一步整个城市化的进程实际主要取决于人的流向。

一、离土出村不回村的一代

人的流向的本质是什么呢？农民进城以后已经发生了革命性的变化，就是"80后"的崛起。"80后"是一场代际革命，这场代际革命的主要特征就是离土出村，不再回村。

这是国家统计局的数据和卫计委农民工的数据，给大家展示基本特征。

第一个特征是这些人储备更高的人力资本后即进城。与"农一代"比较，文盲、小学比重下降，初中、高中的比例占主要成分，其中还有部分大学成分，这是一个数据。"农二代"首次外出流动的平均年龄大大提速，基本是高中毕业以后就进城。所以我一直跟学生讲，进到北大、清华这些学校的学生很幸运，但那些不幸的学生基本就是放下书包就工作。

第二个特征是更强的入城不回村趋势。这里主要表现在整个"80

后"基本跨省迁移，而且出生越晚的农民工流动范围越大，基本是往沿海地区跑。另外，跨县的迁移比例更大。

另外一个数据是这几年有回流的现象。统计局的数据和农民工的流动数据都（有）显示，比如统计局是15%的回流，我们的数据显示回流主要是回到本地的县和地市一级，不是回村。

第三个特征非常有意思，现在迁移主体家庭化。原来农村迁移是，"农一代"基本是家里的主劳动力进城，然后把妇女和老人留在农村，把小孩留在农村，所以"农一代"留下来的最大的麻烦就是留守儿童。现在的情况是，整个"农二代"基本是举家迁移，举家迁移的比例大幅增长，而且举家迁移是带进了两拨人。家庭迁移以后，"农二代"子女将近24%是跟着父母亲一起走。这是小孩跟着父母走，留守儿童的情况有所改变。还有老人进城同住的比例也开始上升。

第四个特征就是"农二代"就业的"去农化"与"入城化"。"去农化"最主要的表现就是不做农了，不仅不做农，原来他们赖以为生的，在农村拿手好戏的建筑业、交通业现在也不干了。"去农化"的同时就是"入城化"，然后就是产业功能化，城市居民服务业的比重上升，城里人的一些职业症也渗透进去了。

第五个特征是资本留城倾向明显。比如汇款，"农一代"80%的钱汇回去，现在"农二代"汇款回去的只有30%了。

第六个特征是生活方式城市化。这拨人进城以后的生活方式跟城市基本趋同，包括娱乐、休闲，追求收入和闲暇时间的分配比例。特别是辛苦的工作他也不做的，工资高一点但是很辛苦他也不会做的，他宁愿选一些更闲暇的方式。

第七个特征大家尤其要注意的是居住方式的入城倾向。"农一代"进城什么地方都可以住，窝棚、工棚、地下室也是可以的。但"农二代"对城市居住的生活条件，自来水、卫生间、洗澡设施，这些追求都开始上升。另外更重要的一个数据反映，"农二代"在乡村自建房

和进城买房的这两个比例此消彼长。现在"农二代"进城买房的比例大大增加，在农村盖房的比例下降。这反映了整个"农二代"未来落脚的趋势是选择留城而不是回村。

第八个特征是"农二代"与乡村的联结开始疏离。比如现在"农二代"一年最多回去一次，而且回去的方式是开车回去。像我（的）一个外甥，我说你那么远开什么车啊，他说人家都开车回去。开车回去住哪儿呢？住在县城的宾馆，所以我已经问了十几个地方，我问你们什么时候县城的宾馆最热闹，他们说春节期间，是要预定的，开着车回老家的县城，住一个晚上，第二天再开车回村。回村讲一口北京普通话和广州普通话，嘚瑟以后就回来了。

这是整个乡村的一个总结。"农二代"已经不可能像他们的上一代那样回去了！对他们来说，"家乡"已成"故乡"，"乡土"已变"故土"，他们努力摆脱原来赖以为生的农业等行当，尽力带着一家子进入城市并成为其中的一分子，干着城市需要的职业，过着与城里人趋同的生活，从他们所体现出的种种特征来判断，这是离土出村不回村的一代人，如果他们被迫回到自己的村庄，那将是中国转型的失败。

二、农民的城市权利决定转型成败

农民的城市权利，第一个就是进入权。就是刚才小鲁老师讲的大量的问题，我觉得核心是要落在城市权利上，不仅仅是你该给他什么，是他应该有什么。现在大城市和特大城市还是有很多的限制，比如积分限制，不同类型农民在城市落户的分，不同类型的农民进城的权利存在差异，不同等级的城市存在进入权的权利差异。

第二是就业与收入权有差异。农二代进城以后在就业的种类，以及在收入上跟城市同类人还是存在很大的差距。

第三是居住权。整个"农二代"更倾向于在城市租购房屋居住，但是住房之后的支付困难比"农一代"还要大，这是要非常警惕的一

件事。我们整个城市的生活成本提高以后，现在解决农民在城市住房居住保障的这套制度体系，离他们的要求更加远。整个城市呈现出更严重的二元社区，社会关系不好，基本是一伙一伙的，这个二元社区化是非常严重的。最近出现的各地的"抢人"大战如火如荼，背后实际并不是真正的落实他们在城市的权利。

第四是基本保障权。"农二代"养老、医疗的需求在大大上升，要求保障的意愿，包括自我的努力都在上升。但是现在面临的问题是，这一类的基本保障与城市之间的差异极大，另外同样交的这个钱是不可以兑换的，农民拿着大量的钱交，交了以后也兑现不了。

第五是社会融入。"农二代"融入这个城市社会的要求很高，但是他们对融入社会的不满程度更大。从融入的意愿和排斥的预期来看，"农二代"感知被城市排斥的程度更高，他们觉得在这里融入不进来，所以社会融入和社会排斥问题非常之大。

第六是子女教育权。2011 年，"农二代"子女进入公立学校的比例比农一代低 6.58 个百分点，进入打工子弟学校的可能性比"农一代"高 1.25 倍。2012 年，"农一代"子女进入公立学校的可能性是"农二代"子女的 1.33 倍，进入打工子弟学校的可能性是"农二代"的 66.07%。2011 年和 2012 年的数据显示，分别有 13.09% 和 18.72% 的农民工子弟学校需要缴纳赞助费。

三、回到乡土中国是什么结局

我们现在讲乡村振兴和城市化，我最后提到一个问题，如果回到乡土中国是什么结局？现在有一种很强的倾向，就是把乡村描绘得非常美好，觉得未来多少年中，农业是最（令人）羡慕的职业，农民是最令人羡慕的人，而城里人都要抢着去当农民——这是我们高高在上的大领导们说的。

实际上如果回到乡土中国是什么样？我把它归结为以下四个方面：

一是它的整个政治经济结构是以农为本，二是整个经济形态是以地为生，三是整个乡村的制度围着封闭的村庄以村为治，四是我们是靠土地创造了悠久的农耕文明，但整个传统中国是被土地束缚住了。

所以我们现在讨论进城和下乡，必须要确定的一点是什么呢？中国不是要回去，不能把这些人赶回去，也不指着这些人再回去，核心是一定要赋予"农二代"在城市的权利，尤其是他的居住权，同时赋予"农三代"平等的（受）教育权。中国的转型问题，如果在"农二代"的城市化问题上得不到根本解决，到"农三代"，对整个中国社会来讲，就是一个严重的政治、经济和社会问题。

谢谢大家！

王　峻

　　王峻，研究生学历、工商管理硕士。1992年6月加入中国共产党，1993年7月参加工作。现任浙江丽水市松阳县委书记。

文化引领的乡村复兴之路

王　峻

尊敬的各位领导、专家，女士们、先生们：

感谢诸位给我这样一个交流机会。在快速城市化、工业化的背景下，乡村还有没有希望？如果有希望，乡村振兴的路应该如何走？我想结合松阳的实践探索跟大家做一些交流和思考。

松阳在浙江丽水，拥有1800多年建县历史，是浙江省历史文化名城，也是华东地区历史文化名城、名镇、名村体系保留最完整、乡土文化传承最好的地区之一。县城是中国历史文化名镇，古城格局完整，文庙、武庙、城隍庙、药王庙、天后宫、太保庙等地标性历史建筑留存至今，明清老街依然保留着打铁、做秤、弹棉花、中草药铺等鲜活的传统农耕商业业态；乡村中依然保留着100多座格局完整的传统村落，其中国家级传统村落71个，数量位居全国第二。

在城市化、工业化高速发展的今天，许多乡村面临着走向衰败和萧条的境遇。松阳同样也面临这个问题，但在生态文明建设的大背景下，随着现代都市人越来越向往田园生活，越来越渴望良好生态环境和健康食品，以及基本公共服务的日趋均等化，交通、互联网等现代基础设施的日臻完善，乡村的价值将会得到重新发现，乡村的经济社会结构也将会发生重要变革，乡村将迎来新的发展机遇。

近年来，松阳深刻把握生态文明时代的发展规律和趋势，以传统村落保护发展为切入，系统推进"文化引领的乡村复兴"，初步走出了一条城市与乡村、传统与现代、经济与文化互融、互促、互补发展的乡村振兴之路，成为中国传统村落保护发展示范县、全国传统村落保护利用试验区、全国"拯救老屋行动"整县推进试点县。通过这几年的努力，松阳乡村人居环境明显改善、乡村经济形态开始发生深刻调整、乡村优秀文化得到保护传承与发展、乡村治理体系实现优化提升。

我们的理念是：坚持"活态保护、有机发展"，即把乡村放到历史动态中去考量，并遵循它的发展规律，尊重原住民，通过"中医调理、针灸激活"方式，给予村落适度的刺激，慢慢恢复其生命力。手法是：坚持使用最少、最自然、最不经意、最有效的人工干预，充分利用本土、原生态、低碳环保材质和废弃建材，充分利用生态环保技术。原则是：坚持做到三个维持，即维持原生态的田园风光，维持原真的田园乡村风情，维持原味古朴沧桑的历史感。目标是：坚持通过保护使乡村达到健康态、和谐态，即"风貌完整、舒适宜居、富有活力、人文和谐"。路径是：坚持"五个复活"，通过努力让原住民在乡村中活得更加富足而有尊严，最终打造有品质的田园乡村生活。

第一，复活乡村的整村风貌。村落形态是村落风貌的直观展现，蕴含着先人崇尚人与自然和谐共生的"天人合一"思想。为保护和恢复"天人合一"的村落形态，我们制定出台系统保护政策和总体规划，并把田园、山水、村落作为一个有机整体来规划、保护和建设。我们加强村落的传统格局和历史风貌的整体保护，核心区严控建新房，外围区域建房注重建筑布局、高度、风格、色调上与村庄传统风格相协调。我们加强村落自然生态环境的保护提升，优化"山水—田园—村落"和谐美的格局。

第二，复活传统民居的生命力。传统民居构成乡村的主要形态，

要保护发展好乡村，就必须解决好保护与老百姓改善居住条件这对矛盾。为此，我们出台改造利用专项政策，制定详细奖补标准，帮助村民通过对原有住房进行修缮、改造，用较低的成本达到改善居住条件的目的。我们编制改造技术指南，用图文并茂的方式告诉老百姓怎么改，解决百姓在改造过程中遇到的实际问题。我们加强示范项目引领，建成"过云山居""云上平田""云端觅境""茑舍"等一批精品民宿示范项目，让当地老百姓能切身感受到土木结构的房子经过合理改造，也能提高居住舒适度。目前全县累计 19 个乡镇（街道），完成改造 318 幢民居，发展民宿农家乐 461 家，床位 4203 张。

第三，复活乡村的经济活力。要复兴乡村文明，必须要复活乡村的经济活力，促进乡村文明与城市文明、商业文明的有机衔接，这样乡村文明才具有稳定性和可持续性。总体思路是以优良的生态环境为底本、以乡土民俗风情文化为依托、以摄影写生等艺术创作为媒介，植入生态农业、休闲度假、文化旅游等业态，推动第一、二、三产业深度融合发展。一是大力发展高效生态农业，全面推进全县域绿色食品标准化生产基地建设，创成全省首个全国绿色食品原料（茶叶）标准化生产基地，茶叶全产业链产值超百亿元，建成全国交易量最大的绿茶交易市场、全国绿茶价格指数发布地——浙南茶叶市场，年交易额超 50 亿元；引进全息自然农法、阿郎自然农法，建成自然农法基地 20 余个，岱头有机大米、上庄原种土豆、四都生态萝卜等优质的生态农产品得到市场青睐，让群众在优质优价中获得实实在在的收益。二是加快推进全域旅游发展，系统推进全县域慢行系统和八条全域乡村旅游路线建设，高品质建成大木山茶室、石门圩廊桥、水文公园、独山驿站等一批精品示范项目，以及一批"画家村""摄影村""养生村""户外运动村"，并与周边村庄进行有机串联，带动整个区域的旅游发展。三是积极推进农业特色工坊建设，立足当地的特色文化和传统工艺，打造红糖工坊等小而特、小而精、小而美，农业、工业与休

闲产业相融合的农业特色工坊，推动乡村经济发展模式调整、乡村生产生活方式变革。四是积极推动文化产业发展，实施"百名艺术家入驻乡村计划"，探索艺术助推乡村振兴之路，并积极推动乡村振兴、文化发展的国际化交流，松阳乡村建筑入展德国 Aedes 建筑论坛、威尼斯国际建筑双年展等国际高端论坛。

第四，复活乡村的优良文化基因。乡村建设最要紧的是文化和价值观的修复。我们优先保护历史文化建筑，本着"保护为主、精修为旨、艺术为重、和谐为本"的原则对濒危历史文化建筑开展抢救性修复、保护性修缮，全县 100 多个传统村落和 1000 多幢传统建筑实现挂牌保护，200 多座宗祠、20 多座古廊桥、60 多公里古道、140 多幢老屋得到修缮保护。其中，"拯救老屋行动"试点工作成为全国示范，列入中共中央、国务院《乡村振兴战略规划（2018—2022 年）》中的乡村文化繁荣兴盛重大工程。我们积极弘扬传统文化精髓，传承好"温良恭俭让、仁义礼智信"等优良传统文化基因，发挥礼序家规、乡规民约的教化作用，编制传统村落乡土教材，在中小学开设传统村落选修课，开展国学经典教育。我们大力传承和发扬民俗文化，挖掘复活"竹溪摆祭""平卿成人礼"等节会 60 余台，建立"乡乡有节会、月月有活动"的民俗文化展演机制，打造"永不落幕的民俗节庆活动"。我们探索建设全县域乡村博物馆，并采取化整为零的方式，充分利用古民居、祠堂、文化礼堂等文化建筑，建设具有体验、休闲、展陈体验功能的博物馆，建成契约博物馆、王景纪念馆、茶叶博物馆等一批高品质乡村博物馆。

第五，复活低碳、生态、环保的生产生活方式。乡村优良的生态环境、古朴的民风民情是乡村最具优势的资源所在。我们努力保护原真自然的生活环境，提倡绿色健康的饮食方式和休闲方式。我们着力建立生态循环链，开展垃圾分类，建设绿色建筑，运用绿色节能技术，从生产环节、生活方式上探索低碳循环，积极营造一种简约、质朴、

生态、低碳，亲近自然、回归自然的乡村生活。我们积极倡导低碳养生的健身方式，依托万亩茶园每年举办浙江省山地自行车赛，借助良好的村落古道系统，与中国登山协会合作开展全国山地竞速挑战赛等高等级赛事活动。

习总书记说，如期实现百年奋斗目标，最艰巨、最繁重的任务在农村，最广泛、最深厚的基础在农村，最大的潜力和后劲也在农村。实现乡村振兴是新时代的使命，必须要以新时代的站位，以改革创新的思维，全力蹚出一条乡村振兴的新路径。我认为，这应该是一条以生态文明理念为指导，以文化引领为导向，以品质发展为准则，以壮大集体经济为牵引，以共同富裕为追求，系统调整乡村经济、政治、文化和社会结构的"新路"。其内涵实质体现在"五个新"。

一是新的价值取向。即：从工业文明时代"以人为中心，追求利润最大化"转变为生态文明时代"人与自然和谐发展，追求绿色发展、可持续发展"的价值取向。未来将掀起一场以绿色发展引领乡村振兴的深刻革命，乡村不再是单一从事农业的地方，而将成为人们养生养老、创新创业、生活居住的新空间，乡村的经济价值、生态价值、社会价值、文化价值将日益凸显。

二是新的城乡关系。即：从城乡二元割裂转变为城镇村三元共生、城乡互动互补互促的城乡融合发展。未来乡村将成为一个既深刻保持传统乡村文明原真性，又开放兼收现代文明创造性的新型社区，这里既有祖祖辈辈守望村落和田野的传统村民，也有离开村落外出发展后返回家乡的回归村民，还有城市回归乡村田园生活的新型村民。

三是新的经济形态。即：从单一的农业经济形态转变为以高品质农业为基础、农工贸文旅深度融合发展的多元经济形态。未来乡村公共基础设施的改善与互联网等现代技术的应用，将会模糊城乡地域界限和产业界限，原本单一的农业经济将演变为农业与农产品加工业、休闲旅游业、文化创意产业融合发展的综合业态，并将建立与政治、

文化、社会、生态共生且高度一致的区域性内生经济循环系统，形成与生态文明建设相适应的经济发展体系。

四是新的运行机制。即：从原子化、碎片化的独立分散经营转变为有利于实现共同富裕、符合市场经济要求的集体经济运行新机制。农村集体经济是社会主义公有制经济的重要形式，是县域经济的重要组成部分。壮大农村集体经济，是引领农民实现共同富裕的重要途径。未来乡村将形成以集体经济制度为基础，以混合所有制、农合联等多样化联合合作发展为特征，既能充分发挥村民个体积极性，又能实现集体经济保值增值，体现集体优越性的经济运行机制。

五是新的文化形态。即：从单一的传统农耕文化形态转变为优秀传统乡土文化与现代文化元素、城市文明形态兼收并蓄的新型文化形态。未来乡村中既有"敬天爱人""耕读传家"的传统农耕文化，也有从城市带来的现代生活理念、科学技术应用，也将会产生传统文化和现代文明碰撞交融而带来的新文化。

乡村衰败是一个动态的历史过程，乡村振兴同样也是一个渐进的过程，不可能一蹴而就。在实践中我们有以下几点体会：

一要树立科学理念。充分尊重乡村发展规律，不急功近利，要优先使用乡村存量资源，最大限度地保护乡村的自然生态底本与历史人文底本，坚决防止天人合一的乡村风貌、宁静安详的乡村生活、淳朴和谐的村风民风受到破坏，渐进式恢复乡村生命力。

二要强化系统建设。将城乡发展视为一个有机整体，树立中医整体观，按照"全域统筹、区域联动、系统推进、融合发展"思路，推动城乡资源要素双向合理流动、城乡基础设施共建共享，系统开展生态修复、经济修复、文化修复和人心修复。

三要维护村民主体地位。既以开放的姿态欢迎和接纳外来人口进入乡村休闲和创业，也决不能动摇原住民的主体地位，要积极构建新老村民融合共生的发展机制和合理的利益联结机制，让原住民合理分

享全产业链增值收益，最大限度共享乡村发展成果。

四要突出文化引领。文化是乡村的根脉与灵魂，只有让文化的基因重新注入乡村的母体，乡村振兴才有希望。要切实保护、传承、弘扬好传统文化，让有形的乡村文化留得住，让活态的乡村文化传下去，并结合现代文明要素和现代需要进行创造性转化、创新性发展。尤其要充分汲取提炼优秀文化中蕴含的精神内涵，使其成为经济社会发展的引领力量。

五要坚持品质发展。积极顺应供给侧结构性改革要求，将工匠精神、品质意识贯穿于乡村振兴各环节、全过程，让乡村真正成为人人向往的品质之地。要吸引一批有理想情怀的外来优秀人才和各类乡贤回归乡村，深度参与乡村建设，并通过科学规划设计和教练式指导、培训，让品质发展成为一种全民自觉。

六要加强社会治理。乡村振兴离不开和谐稳定的社会环境。要强化基层组织建设，提升基层组织自我管理能力和水平，积极构建自治、法治、德治相结合的乡村治理体系，培育文明乡风、良好家风、淳朴民风，提高乡村凝聚力和向心力，形成乡村善治新风尚。

各位领导、各位专家，松阳乡村振兴探索实践还处于起步阶段，还有许多课题需要我们深入研究和探索实践。在此，也真诚地希望大家能为松阳乡村振兴问诊把脉、指点迷津，帮助我们更好、更稳健地走好乡村振兴之路。

最后，诚挚邀请各位领导、专家来松阳考察、指导！

谢谢大家！

第七辑　抢人大战与城市竞争力

近年来，各大城市纷纷推出人才新政，"抢人大战"成为城市竞争的重要举措。怎样才能形成推动人才资源合理配置的长期机制？如何推进户籍制度和实现公共服务均等的供给侧结构性改革，提高城市创新能力和综合竞争力？

倪鹏飞

倪鹏飞，中国社会科学院城市与竞争力研究中心主任，中国社会科学院财经战略研究院研究员，博士生导师。主要致力于城市经济学、房地产经济学、空间金融学、城市竞争力及国家竞争力等研究。中国社科院—联合国人居署联合课题组组长、首席城市经济学家。中国城市百人论坛秘书长。中国城市竞争力报告课题组组长，美国哥伦比亚大学访问学者，香港中文大学、南开大学、澳门科技大学、西南财经大学等多个高校兼职教授，多个城市政府顾问和智库专家。国务院特殊津贴专家。先后承担中央交办、国家社科基金重大项目，以及国际组织、国家部委、地方政府委托课题多项。主编《中国城市竞争力报告》《全球城市竞争力报告》《中国住房发展报告》《中国国家竞争力报告》等中英文著作40余部，在 Urban Studies、Cites、《中国社会科学》和《经济研究》等权威期刊上发表论文百余篇。代表作《中国城市竞争力报告》获中国经济学最高奖——孙冶方经济学著作奖（第十一届）。多项成果获得国家领导人批示并荣获中国社科院优秀对策研究特等奖和一等奖。

中国城市：争资竞地与"抢人"

倪鹏飞

非常感谢论坛把今年的主题确定为"提升城市竞争力"，也非常感谢论坛请我的老师——蔡继明老师来主持这一节的演讲，我按照会议的要求准备了一个PPT，我演讲的题目是"中国城市：争资竞地与'抢人'"。

第一个观点是：中国城市的崛起主要得益于四大红利、引擎或竞争。

吴敬琏老师在昨天的特别致辞中指出：分析问题应有基本的分析框架，最近在总结40年中国城市的崛起，提炼了一个中国城市崛起的理论模型，我认为中国城市崛起的因素主要有以下四个：

首先是制度的改革，这是城市崛起的基础，不论城市发展还是农村发展，制度改革都具有决定性影响。其次对于城市而言，又有三个关键因素或者引擎，一个是非农聚集即农业劳动力从农业转移到非农产业部门和农业人口转移到城镇地区。再次是企业全球分工，中国在工业化和城市化的同时，世界也发生巨大转折即出现全球化和全球分工，使得跨国公司将资金和产业迁移到中国。最后再有和其他国家和地区不一样的地方，中国城市政府有城市经营，这包括商业环境的经营，也包括土地的经营，它对城市崛起起到十分关键的作用。

这四个因素对一个城市的总体而言，可以说是同时起作用的，但在不同的历史发展阶段，四个因素的地位可能是不一样的。对一个具体的不同的城市来说，这四个因素的作用也是不一样的。城市之间也是靠这四个因素来进行竞争的，即制度的竞争、人口的竞争、土地的竞争和产业的竞争。也可以说这四个因素既是引擎，也是红利，更是竞争的目标。

第二个观点是：市场化改革是成就中国城市伟大竞争的关键因素。

对于中国城市的崛起大家都有一个非常重要的共识即城市竞争是导致中国城市崛起的重要原因，而中国城市竞争的前提基础是市场化的改革。改革从内容上看有两条主线，一个是涉及产权的，我认为它是确认经济主体的责、权、利，通过改革经济主体有了追求利益的动力，这个是中国经济发展、中国城市发展最大的一个动力源泉。另一个是市场化资源配置，既提高了效率又保证了公平。当然这个市场化资源配置是在政府干预下的资源配置。

40年经历的改革有以下这么几个阶段：1978年的改革、1992年的改革，2000年的开放（其实开放也可以放在改革里面，是更大范围的改革），2013年（党的）十八届三中全会的改革。虽然分成了四个阶段，但是我认为只有两个阶段，特别是1992年即20世纪90年代的改革是最为关键的，我甚至认为1992年之后我们所取得的成就很大程度上得益于90年代的改革，但从那以后改革很不顺利，进展比较缓慢。所以总体来说，直到现在，我们的市场化还不是很完全的市场化，只是半市场化。

市场化的改革创造了中国城市发展的奇迹，图1的中国人均GDP和城镇化显示中国整体崛起以及城市的快速崛起。但是没有完成的改革导致半市场化：一方面，我们过去的改革或者说90年代改革的红利正在消失，越来越少；另一方面，由于是半市场化的改革，新的制度不完善，新老制度并存，带来越来越严重的问题，正如一座房子建了一半，

建设速度慢下来后果是非常严重的。回顾 1978 年的改革和 1992 年的改革，国家都是处在国内形势十分严峻的背景下，也都处在各种思潮和议论纷纭的时候，最高决策者做出清醒的决策，以改革应对国内外的挑战和风险。当前国家又处在关键时刻，对国家未来的发展有许多议论，最高决策者应该力挽狂澜，按照（党的）十八届三中全会的既定方针，加快推进实质性的市场化改革，用改革来对冲国内外挑战和困难，我们相信改革不仅可以应对内忧外患，而且可以确保中华民族的伟大复兴，任何迟疑和转向不仅会导致改革功亏一篑，也可能带来陷阱和深渊。

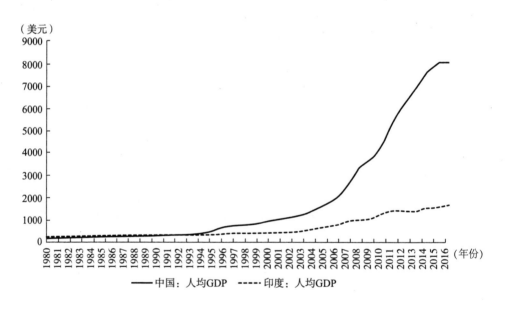

图 1 中国城乡人均收入增长与印度比较（1980～2016 年）

第三个观点是：过去 40 年我们形成的四大红利正在全面消失。

前面讲了改革及其红利在消失，现在讲城市的三个具体的引擎即非农聚集、全球分工和城市经营。我发现：城市的红利、城市的引擎和城市的竞争确实是分阶段转换的，目前上一轮竞争或者说旧时代竞争基本结束。简单回顾一下，第一阶段（1978～1992 年）主要是比人

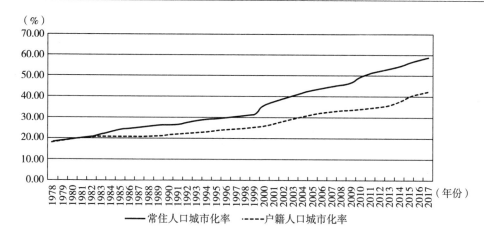

图2 中国城镇化率的快速增长（1978～2017 年）

力：发现乡镇企业，建设小城镇。第二阶段（1992～2003 年）主要是争外资：建设开发区，发展外向工业。第三阶段（2003～2013 年）主要是竞土地：经营土地，开发新城新区，炒房炒地。到了 2013 年以后，改革红利在消失的同时，劳动力、外资、土地的红利也在消失，四大引擎面临全面熄火或者降速风险。首先是人口红利消失。按照联合国经济与社会事务部人口司 2013 年的最新预测，"十三五"期间中国 15～59 岁劳动年龄人口将从 2015 年的 9.38 亿人下降到 2020 年的 9.29 亿人，平均每年减少 175 万人。

其次，土地红利消失。从 1978 年到 2016 年，中国城市空间即建成区面积与城市建设用地分别增长 7.44 倍和 7.88 倍。2014 年中国城市人均建设面积为 129.57 平方米，大大超出国家标准的 85.1～105.0 平方米/人，高于发达国家人均 84.4 平方米和其他发展中国家人均 83.3 平方米的水平。从 2014 年开始建成区面积增速显著下降，与此同时，尽管总体土地出让金增长较快，但是政府可支配土地出让金却越来越有限。

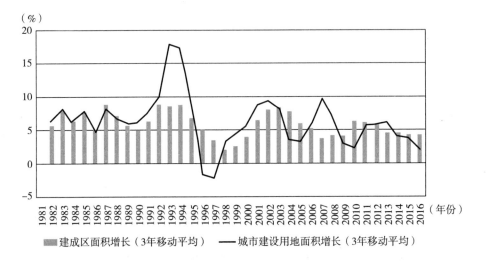

图3 中国城市建设用地与建成区面积增长率（1981～2016年）

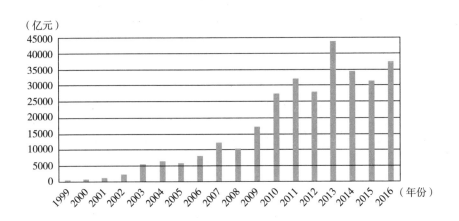

图4 1999～2016年土地出让金收入

最后，是外资红利下降。图5显示自2010年之后外商投资增速急剧下滑。从2000～2010年10%以上的平均增长速度，到2016年下滑到接近零增长。

在中国城市争资和竞地的同时，国外的先进城市在进行巨大的、激烈的人才争夺。美国城市提出许多研究议题，致力于争夺优秀人才。

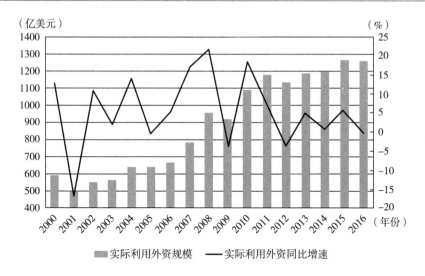

图5　2000～2016年实际利用外资及其增速

在第一轮竞争结束之后，中国城市竞争进入第二轮，我认为：第二轮城市竞争的第一阶段就是争人才。首先，因为除了人才没有其他可争了，制度、劳动力、外资和土地红利都削弱了。其次，因为人才最值得争夺。人才目前的价值有以下三方面：一是从供给侧看，高人力资本，意味着高端要素投入，因此有利于促进科技创新和产业升级。二是从需求侧看，人才报酬多，所以能够扩大消费规模和促进消费升级。三是人才可以带来税收，我们搞的个人所得税、房地产税都和人才有关，所以人才这个红利在凸显。最后，人才规模日益巨大。过去40年改革的重大成就之一是培育和积累了巨大的人才规模，这是中国持续发展最重大的资本。现在我们农民工数量有2.8亿人，我进行了仔细的统计发现，40年我们全日制普通高校培养的大学生接近1亿人，且每年仍以700万左右的速度迅速增长，与此同时还有数千万的中专生，加上农民工中的大学生人才和各类人才，中国的人才总量超过或者将要超过农民工数量。如果我们把拥有一技之长的劳动者确定为人才，中国的人才规模确实十分庞大，且人才红利在逐渐凸显。

第四个观点是：竞地使中国城市正变得"人财"两空。

由于一些基础制度即土地、财税和金融制度等改革还没有推进，土地竞拍、房地炒作还在持续中，房地产泡沫在扩大，地方政府通过土地融资的模式还在继续，地方债务风险继续积累。根据我们的研究测算：2017 年全国地级以上城市平均房价收入比为 1：7.5，35 个大中城市超过 1：10，重点城市的房价收入比是合理区间的两倍；其次，金融机构的房贷比例偏高。2017 年住房抵押贷款与房地产价值比（LTV）达到 59.3%（中国人民银行测算），如果房价降幅超过 50% 以回到合理区间，则不少家庭存在"弃房弃贷"断供违约的可能；再次，居民部门债务率偏高。根据人民大学经济学院测算：2017 年居民部门债务占可支配收入比重达到 110.9%，已高于美国家庭部门 108.1% 的杠杆率水平。而根据中国家庭金融调查：2017 年房地产资产占居民总资产比重达 73%，远高于美国的水平。显然，竞地等制度如不尽快结束，不仅土地等红利结束了，而且会带来巨大的风险和危机，导致的是人才和资金的两空，且已经出现端倪。

首先，竞地导致财空即外资跑了。最近几年产业的转移和外资撤退的情况特别明显，房地产价格带来的成本上升迫使制造业向东南亚等地区转移，图 6 显示自 2010 年之后外商投资增速急剧下滑，外商企业数量从 2010 年后出现负增长并逐步扩大。几年前网上掀起"别让李嘉诚跑了"的讨论。与此同时，还有一个是产业出现失衡，由于炒房炒地更有利，导致全企炒房和全民炒房，大家都去搞房地产了，不愿意再搞实体经济了，实体制造业凋零，所以竞地导致产业的空虚化。

其次，竞地导致人才跑了。房价或地价过高导致城市的人才流失。之前我曾经做过一个房价与人收入关系的研究，发现存在一个倒 U 形关系，如果房价过高，可能会导致收入降低，对消费产生挤出效应（见图 7），进而导致一般人才甚至高端人才流失。竞地导致的高房价及其相关问题已经导致人才大量流失。根据胡润研究院与汇加移民最

图6   2001～2017年外商企业及港澳台工商企业增长率

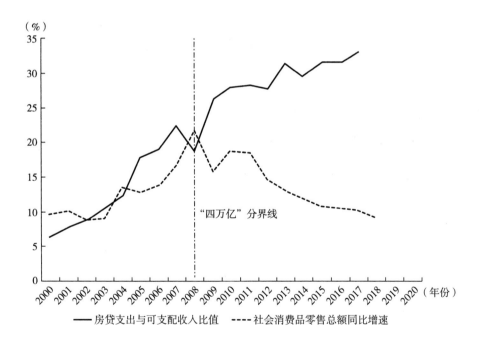

图7   房贷支出压力与消费品零售增速出现分野

资料来源：Wind，西南证券整理。

近 5 年连续发布的《中国投资移民白皮书》：近 10 年来，中国高净值人群考虑移民的人数一直保持在 60% 左右。2016 年、2017 年虽有所下降，但仍有接近一半的人还在考虑移民国外。从高房价城市看，媒体报道，华为被地方政府土地运作挤压而迁往东莞的案例在社会上产生巨大反响；与此同时，不断攀升的高房价、地价导致人才资源的错位。一些专业人才不再热心自己专业的事情，搞科研的不想搞科研了，想去挣外快、想去炒房，最近网上流传的段子说：2017 年 2 月中国的火箭发射失败了，失败的原因是房价太高，因为房价高，所以这些科研人员没有心思去搞科研。这些数据反映出中国房价、地价迅速上涨产生的负面影响。

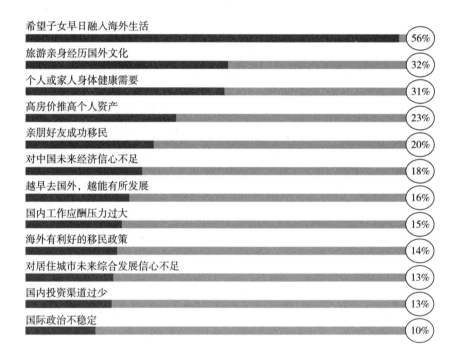

图 8　考虑海外移民的推动因素

资料来源：胡润研究院与汇加移民联合发布《2017 汇加移民·胡润中国投资移民白皮书》。

　　第五个观点是：只有改革才能重塑中国城市的新引擎、新竞争和新红利。

　　既然到了一个新的阶段，人才竞争确实是下一轮竞争的核心，那我们就要围绕人才开启新一轮竞争，因为城市之间可以健康地竞争，并且确实可以推动城市的发展、国家的发展，以及有利于城市竞争力和国家竞争力的提升。要做到这些，必须开启以下三个重新：

　　第一是重组持续崛起的新引擎。过去我们是以劳动力、资金或者以土地为中心来推动经济的崛起，现在人才是关键，我们又该以人才为中心。当然我在这里再强调一下，我说的人才不仅包括高端的，也包括农民工在内，应该是全民皆才。人才和劳动力，过去讲劳动力，现在是人才，这是两个概念。当然对不同的城市来说，因为它发展阶段不一样，它的人才、土地、资金组合，以及引擎的组合可以不一样，但就整个中国进入目前这个发展阶段来说，我们应该以人才为中心，土地的未来是要通过进一步的市场化，走在一个合理的水平上，回到税收财政的一个结果上。有了人才，企业资金也就跟过来了，所以新的引擎是这样组合的，这个组合的中心是人才，也是中心的引擎。

　　第二是颠倒城市竞争的旧逻辑。过去我们是通过改善投资环境，吸引资金，发展产业，再吸引人力，改善宜居环境。把改善宜居环境和吸引人力、人才放在最后，是先搞投资吸引资金。现在我们新的逻辑是先改善宜居环境，这个宜居环境不只是自然环境、生态环境，教育、住房应该是最核心的内容，然后是吸引人才，包括高端的人才，也包括农民工，我说的人才其实就是人，不是劳动力，不是只叫他干活，既要让他投入人力资本，又给他适当的社会保障和公众服务。然后发展产业，吸引资金，人才来了，企业就跟着人才来，资金也就跟着企业来，然后才能促进经济的增长。

　　第三是再创造城市发展的新红利。人才竞争或者人才成为主要的引擎，只有通过市场化改革来实现。首先，市场化改革创造制度红利。

即经济主体积极性的再度迸发，资源配置的优化配置和充分利用的效率提升。其次，关键制度改革的人才红利。创造人才环境即宜居、创新和创业环境，从而创造人才红利。李嘉诚先生在回应国内关于他撤资的讨论时，提到"此心安处是吾乡"。而让城市成为资本和人才心安的我乡，是通过改革，创造宜居、宜业和宜创的最高境界。再次，人才红利带动其他红利。当人才红利获得释放时，因为人才使得资金、劳动力可以回流，使资金、劳动力、土地可以再增值，原来消失的资金和土地红利自然也就可以重新出现。

我就讲这么多，谢谢大家！

韦　森

　　韦森，经济学博士，教授，博士生导师，曾任复旦大学经济学院副院长多年，现任复旦大学经济思想与经济史研究所所长。自20世纪80年代初以来，曾在著名学术刊物上发表中英文论文上百篇，已经出版《社会制序的经济分析导论》《经济学与伦理学》《经济学与哲学》《大转型：中国改革下一步》《重读哈耶克》《国家治理体制的现代化》和《中国经济增长的真实逻辑》等学术专著19部，并曾在国内有影响的报刊上撰写专栏文章和学术随笔，曾为财经网、《华尔街日报》中文网、FT中文网和《腾讯·大家》专栏作家和凤凰网的特聘经济学家。主要研究领域为制度经济学和比较制度分析，对哲学、伦理学、法学、政治学、人类学、语言学、社会学以及宗教神学等学科也有着广泛的研究兴趣。近些年在《预算法》修改和政府的宏观经济政策方面提出了许多意见和建议，并被政府决策层所采纳。

经济降速是必然

韦 森

未来中国经济怎么走，这是 13 亿人都关注的问题。

从去年到现在发生的一个很重要（的）变化就是，（党的）十九大报告明确指出："我国经济已由高速增长阶段转向高质量发展阶段。"这就是说我们不再追求经济速度。中国经济总量已经达到 13.4 万亿元这么大的体量，速度可以高一点或低一点，但一定要防范风险。

2015 年 5 月 11 日，我就预测未来中国经济要大转型，会走 L 形。现在看来我们不但走了 L 形，还是 L 形偏下。从国家统计局及中央部门的数据看，投资在下降，但是工业增加值在上升。到今年 2 月，工业总产值开始回升，特别是电力、软件行业开始回升，固定资产投资、房地产也在回升。

今年一季度，"三驾马车"都有上升，特别是外贸出口有了比较好的上升。但是，3 月采购经理人指数 PMI 下降回落，钢铁比较低迷，生产资料价格 PPI 在向下。总的来看出口在上升，但投资一直在下降，消费也在下降，只有出口贡献了一点，说明中国第一轮的复苏增长基本结束。

此前，我就提出中国经济正在进入工业化中后期。如何判断？因为 20 世纪 90 年代开始，中国进入增长上行期，制造业总量迅速超过

意大利、德国、日本，后来又超过美国。中国的粗钢年产量8亿多吨，超过日本、印度、美国和俄罗斯四个国家的总和。我们的汽车产量在2015年就达到2700万辆，所以制造业的总量非常大。

再看其他国家，无论是日本还是美国都有一个去工业化的过程。一旦去工业化，经济就开始减速，消费占GDP的比例会越来越大。很多经济学家都认为我们现在人均GDP 9000多美元，相当于美国人均GDP的15%，所以我们要涨到人均两三万美元，还有一段高速增长期。但中国是一个13亿人口的大国。如果我们的汽车占有量、人均GDP达到美国的水平，那么全球资源都不够中国一个国家使用。

所以，不能用世界的水平来衡量我们的水平，中国经济放缓是一个正常现象。我们已经涨了三四十年，经济周期性波动很正常，没有必要担心。我们要追求有效率的增长，要追求对老百姓有实惠的增长，不要担心危机。如果不断地加码、加杠杆、增加负债，总有一天会崩盘，就几十年爬不起来了。

大家都知道中国经济是靠投资推动的，但现在投资越来越没有效率，投资回报率只有1:6，也就是投入6元钱才产生1元钱，说明这种方式已经不能再继续了。

高质量的发展还是要依靠科技创新和产业升级。过去40年，尤其是加入WTO之后，中国制造业产量世界第一，在很多领域中国的企业都在领先。全国各地都出现了一些世界一流的企业和企业家，尤其是珠三角、长三角、京津地区，出现一大批高科技企业。

这才是中国经济最健康的状态，才是我们社会的希望。不能再靠大规模地修高速、建高架，那只是一个过渡时期。但是和世界先进水平比起来，中国企业还有很长的路要走。

那我们该如何实现高质量的增长？目前，民营企业占中国企业的90%，工业总产值70%来自民营企业，外贸出口80%来自民营企业，固定资产投资70%来自民营企业。

所以，民营企业强，中国经济才强。民营企业当是未来中国走向高质量经济增长的主力军，尤其是民营高科技企业。对于民营企业，国家应该在政策上给予更多的扶持和减负。比如，把减税真正落实到实处，保持稳定货币政策，让国际市场需求决定汇率变化。

最后，最重要的是依靠企业家精神。中国的企业家精神绝对不亚于其他国家和民族。如果没有企业家，就不会有中国经济的今天。但现在还有多少企业家愿意继续做企业？有多少企业家还愿意孩子做企业？如果企业家不愿意做企业，有一种情况就是资本流到外面去。

今年是改革开放 40 年，（党的）十八届三中全会提出一句话，改革就是要坚定市场化道路不动摇，我们坚持走市场化，再加上四中全会提出建立法治化的市场经济，如果沿着这条路走下去，中国就有灿烂的明天。

刘培林

　　刘培林，国务院发展研究中心发展战略和区域经济研究部副部长、中长期发展基础领域首席专家。2002 年在北京大学中国经济研究中心获得经济学博士学位。2012 年获得第十五届孙冶方经济科学奖著作奖，2013 年、2015 年获得中国发展研究奖特等奖。主持过国家自然科学基金项目和国家哲学社会科学基金项目研究。曾出版专著《发展战略与增长的源泉：中国经验的研究》。

解放人比"抢人"更重要

刘培林

最近有些城市为"抢人"提供一些很优惠的条件。"抢人"有一些好处,在座的很多是城市领导,我没做过问卷调查,但我们可以猜测和分析一下"抢人"图的是什么。

首先能扩大供需。每个人都有一双手,这是供给,那么,人多手多,供给也多,每个人也有一张口,人多口多,需求也多。那么"抢人"会同时扩大供需,一个地方的增长会更快。可能市长们也追求提升自己在城市人口规模的分布中的位序,通过吸引人口使自己由三线城市变为二线城市、由二线城市变为一线城市。不过,也许市长们最迫切的考虑是,眼下这个阶段通过"抢人"可以稳住甚至提升本地房地产市场的需求。

"抢人"大战中市长自己的考虑是扩大供需,但是从宏观来看可能会有什么样的效应呢?我们知道现在中国有一些超大城市在疏解功能、促使人口外流,这会导致中国城镇化的水平降下来,这种背景下另一些城市"抢人"的话,就能够抵消这些超大城市疏解功能对全国城镇化率造成的负面影响。客观上讲,"抢人"大战会起到稳定甚至提高城镇化率的效果。

但是"抢人"的好处我觉得也不能高估。为什么这么说呢?不妨

和招商引资大战做一个比较。招商引资大战是正和博弈。招商引资大战中，各地给资本开出很优惠的条件，会把资本价格推高，资本积累速度就会更快，整个社会的资本就会更快地积累。也就是说，城市之间的招商引资大战会导致全社会资本更快地积累。

但"抢人"大战就不同了，我个人认为"抢人"大战基本上是零和博弈。"抢人"大战很难提高生育率，至少在短期内不会很快提高生育率。生育率不提高的情况下又爆发"抢人"大战，后果是什么呢？就是把"人"的价格推高。推高"人"的价格固然是发展的本意，发展的目的就是让"人"变得更值钱。但其正常途径是应该通过"生产率提高到人们收入提高"这样的路径，而不是通过这种简单粗暴的"抢人"大战。

为什么会有"抢人"大战？可能有一个背景是对所谓人口红利消失的担忧。出于这样的担忧，最近有一些学者提出来对不生育的人要征税等建议。大家觉得中国人口红利消失了，非常恐惧以后没增长潜力了。

人口红利固然有意义，但它对经济增长的意义没那么大。人口红利的确会增加供给、需求，还会提高储蓄率，进而对经济增长做出贡献。这是大家都很明白的直白的道理。但中国过去人口红利到底对高增长发挥了多大的作用呢？来看如下数据。

按照不变价计算，2016年中国GDP是1978年的32.2倍，2016年中国总人口是1978年的1.4倍，由于人口红利因素导致我们的劳动力是1978年的2倍。扣除了人口增长和人口红利对增长的贡献后，中国过去高速增长最主要的动力是什么呢？不难看出来，是中国劳动生产率的快速提高，2016年中国劳动生产率是1978年的16.1倍。从数量级上可以看到，劳动生产率提高才是经济增长的主要动力。

这也说明，提高生产率比集聚更多的人口更加重要。怎么提高生产率呢？必须解放人。那怎么样解放人呢？

　　首先来看如何衡量人的解放。直观的笼统的说法是"人尽其才"。仔细思考一下什么是人尽其才？首先需要看到，人和人的能力是有差别的，这一点大家也不会否认。在经济学理论中我们知道，经济学的开山鼻祖亚当·斯密所关注的是分工会促进生产率提高。但斯密认为人和人的能力没有多大差别，我们观察到谁当律师、谁当打字员是分工的结果，并不是他们先天能力差异导致的。斯密强调分工会促进生产率提高。但是我们想一下，把斯密的逻辑贯彻到极致，今天全球70亿人每个人只做一件事，进而把熟能生巧的效应发挥到极致，固然会带来增长。但是大家扪心自问一下，如果每个人只在一个岗位上工作，而没有新的知识拓展，我们人类生活水平是不是有天花板？我认为仅仅靠斯密强调的分工深化而没有新的知识不断产生，人类的生活水平是有天花板的。

　　斯密只观察了工业革命刚刚发端时候的实践。熊彼特比亚当·斯密多观察了150年的经济史，对工业革命以来的现代增长的机制，有着更透彻的理解。熊彼特提出了企业家的重要性，他认为增长主要是企业家和创新者的贡献。

　　那么，回到我们所问的问题：达到什么样的状态才算是人尽其才呢？我觉得应该是这样两条：一是潜在的企业家和创新者能够充分地成长起来，他们一代接一代不断拓展人类知识边界。二是其他不具有企业家和创新潜能的、只具有作为普通劳动者才能的人，则在新的知识边界下按照斯密所强调的逻辑，深化分工，凭借熟能生巧的效应，把既有的知识边界所容纳的全部生产率潜力充分释放出来。把熊彼特和斯密的理论结合起来考虑，就可以解释人类生活水平提高的持久的源泉。

　　熊彼特仅仅说企业家是重要的，但他没有解释为什么有的国家企业家多，而其他国家企业家少呢？这是我这里想回答的问题，即如何解放人。解放人，既能够让一个社会潜在的企业家和创新者都成长起

来，也能够让一个社会的普通劳动者都能够找到最适合自己的岗位，发挥其作用。

我觉得，从长期来看，企业家和创新者的自我发现是人类不断进步的主要动力。请注意我说的是自我发现，企业家和创新者不是别人挑出来的，也不是老师教出来的。我觉得钱学森之问——"为什么中国培养不出创新型人才"，其实问得不好，因为真正的具有原创能力的创新人才不是培养出来的，而是创新者自己在实践当中摸索试错试出来的。

怎样让企业家和创新者多起来呢？我觉得首先有一条，就是不要把老天爷派到人间来的天才和潜在的企业家扼杀在摇篮里。

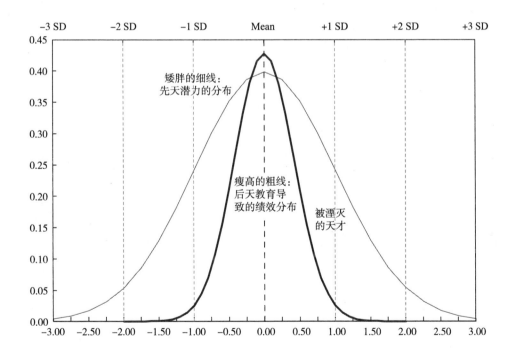

图1　先天潜力与后天教育的绩效分布

人的先天能力的分布是一条相对矮胖的正态分布。我们再问一下，

我们中国的父母作为孩子的第一任老师教育孩子用得最多的词是什么？可能最多的是"听话"，这意味着你要让孩子听从一个外在于他的意志替他来做决策。我们的学校教育也是强调标准化的大纲和刷题。这样的教育会把人教育成这个相对瘦高的分布。这个曲线和老天爷派下来的先天能力分布有差异，这差异会带来两个后果。这两个曲线左边夹角的区域，是我们把笨孩子训练得有了很高的能力，你可以想象我们收获了 10000 个士兵，但代价是可能损失了 10000 个将军，就是右边夹角区域对应的那一块，就是我们损失的有创造力的孩子。这样的培养和教育的理念和做法，好处是培养出了一支守纪律的劳动大军，代价是损失了人群中的潜在的企业家和天才。

解放人的第二条是，在天才不被湮灭的前提下，让每个人都有上场竞赛的积极性，我觉得最主要的一条是要保障产权，这个好多专家都讲过了，我也不再多重复。

第三个条件，要让人们在赛跑的过程中可以变换跑道，不能说有的人只跑有利的跑道，有的人只能在不利的跑道上跑。这意味着要打破垄断，提高社会的流动性，要让人们能够在实践中不断去试错，去发现自己到底有多大的才能。任正非如果一直在贵州，那中国就没有发明；马云如果不辞职老师的工作，世界上少了阿里巴巴。

当然创业也会有失败者。这就涉及接下来的第四个条件。创业、创新、冒险，有可能成功、有可能失败，整体的预期收益取决于四个因素，成功的概率、成功的预期收益，以及失败的概率和失败的预期收益。失败的预期收益是什么？就是一个社会提供的社会保障水平。

我们知道随着一个社会生产力的提高，我们也能付得起更多的社会福利保障，从而让更多的人敢于出来冒险试错。社会保障越高，人们就越不怕失败，就（越）敢于出来试错。

当然社保水平越高也会有一个效果，就是"养懒汉"，这里面有一个权衡。所以社会保障政策要精心的设计。

解放人的第五个条件是尽可能地缩小起跑线的差距。我刚刚讲到，人口的先天能力在代际之间的分布是独立的，就是说，没有"龙生龙凤生凤，老鼠的儿子会打洞"这回事。穷人家的孩子可能很有企业家才能，很有创新精神，富人家的孩子也可能先天能力就很差。但现实社会状况是什么呢？从父辈继承下来的财富格局把子辈的人放置在不同的起跑线上，像皮克迪的《21世纪资本论》指出的那样，今天的收入差距可能要回到一次世界大战以前那样大的水平，代际之间很难流动。这就意味着人们的起跑线会有巨大的差距。那些出生在穷人家的具有企业家和创新者潜能的人，可能根本没有任何机会施展才能，甚至根本没有机会认识到他们具有这样的才能。怎么样才能让子辈中所有的天才能够踏上竞技场呢？就需要代际之间的再分配政策加以调整，虽然不能做到所有子辈的人站在同样的起跑线上，至少不至于起跑线差距过大。

当然，这里也有一个度的把握问题。如果代际之间的转移支付力度过大，说白了就是遗产税力度过大，父辈就不愿意努力了。但是如果遗产税不征收，如果不提高穷人家孩子获取人力资本、参与社会竞争机会的话，我们就会埋没子辈的企业家和创新天才。

上述几条都是基本问题，构成了理解发展机制的一个框架。从这个框架出发审视许许多多具体的体制和政策问题，其方向会更加明确。

谢谢大家！

第八辑　城市化路径：都市圈和城镇化

长期以来，各级政府一直试图用行政和计划手段推动大中小城市的同步发展，在人口规模和建设用地供给等方面严格控制特大超大城市及都市圈的发展，反复强调优先发展中小城市和小城镇，但是效率与质量并不尽如人意。是否应该重新思考和适当调整城市化战略和政策？如何在发挥市场配置资源的决定作用的同时，更好发挥政府作用，以实现大中小城市及都市圈和都市群的合理布局？英国、日本等国家有哪些成功经验值得学习？

蔡继明

蔡继明，南开大学经济学博士，清华大学社会科学学院责任教授、博士生导师，院学术委员会副主任，政治经济学研究中心主任，美国哈佛大学肯尼迪学院富布赖特访问学者，享受国务院政府特殊津贴。

现任第十三届全国人大代表、全国人大财经委员会委员，民进中央常委、民进中央经济委员会主任，最高人民法院特邀咨询员，中央统战部联络员。曾任第十二届全国人大代表，第九届、十届、十一届全国政协委员，全国政协经济委员会委员、特邀信息委员，最高人民检察院特邀检察员。兼任中国社会科学院、南开大学、深圳大学等10余所高校科研院所教授，中国《资本论》研究会常务理事，中国高校《资本论》研究会常务理事，中国林业经济学会副会长，中国劳动经济学会学术委员会副主席。

已发表300余篇学术论文，8部学术著作，11部经济学教科书，2部经济学译著。

确实发挥市场决定性作用
优化人口与土地空间配置

蔡继明

一、要全面理解市场对资源配置的决定性作用

中共十八届三中全会（2013）通过的《中共中央关于全面深化改革若干重大问题的决定》（以下简称《决定》）指出，全面深化改革的重点是经济体制改革，而经济体制改革的"核心问题是处理好政府与市场的关系，使市场在资源配置中起决定性作用和更好发挥政府的作用"。而市场在资源配置中起决定性作用的基础是"建设统一开放、竞争有序的市场体系"。

这里所说的资源无疑是指包括劳动、资本、土地、企业家才能在内的全部经济资源即全部生产要素，而其中土地是财富之母，劳动是财富之父，二者是最基本的两大原始资源，所谓"使市场在资源配置中起决定性作用"是一个全称判断，也是强调让市场在所有资源配置中都要起决定性作用，而不仅仅是在某些资源配置中起决定性作用。

然而，有的官员却对《决定》做了片面的解读，认为在土地资源

配置中市场不能起决定性作用，而是规划和用途管制起决定性作用；[①] 只有过去的乡镇企业用地才算作经营性用地，才可以在符合规划和用途管制的前提下，进入城市的建设用地市场，享受和国有土地同等权利（陈锡文，2013b）；农民对宅基地只有使用权，建在宅基地上的住房才是农民的私有财产，土地则属于农民集体所有。言外之意，农民住房的宅基地不能作为财产权抵押、担保、转让（陈锡文，2013b）。

而北京、上海、天津、广州、深圳近年来则纷纷确定了控制人口的上限，[②] 国土部门也制定了严格控制 500 万以上人口城市的新增建设用地。[③]

以上对人口和土地资源的计划（行政）配置显然背离了《决定》的精神。既然土地和劳动（人口）是两种最基本的经济资源，既然确认（或承认）市场在资源配置中起决定性作用，那么，让市场在人口分布和土地资源配置中起决定性作用，应该是从《决定》的精神中得出的合乎逻辑的结论。

当然，《决定》在强调使市场在资源配置中起决定性作用的同时，也指出要"更好发挥政府的作用"。这是因为，即使在完全市场经济中，无论是在资源配置中起决定性作用的产品市场还是任何其他要素市场，都不是万能的，也不是完美无缺的，其垄断势力、信息不对称以及外部性等因素的存在都会导致市场失灵，而在市场这只看不见的手失灵的情况下，就需要政府这只看得见的手出手相助。但政府对微观经济活动的介入，只限于弥补市场的缺陷，校正市场的偏差，而不

---

① "至少在土地利用这个领域，至少在农地规划这个领域，市场不能起决定性作用"（见陈锡文，2013a）。

② 北上广深津十三五规划常住人口控制规模：北京，2300 万人；上海，2500 万人以内；广州，1550 万人；深圳，1480 万人；天津，1350 万人。

③ 2014 年 1 月 10 日国土资源部部长姜大明在全国国土资源工作会议上指出：中央要求，东部三大城市群发展要以盘活土地存量为主，今后将逐步调减东部地区新增建设用地供应，除生活用地外，原则上不再安排人口 500 万以上特大城市新增建设用地。

是取代市场配置资源的决定性作用。比如，近年来，我国政府就先后制定了"全国主体功能区规划""国家城镇化规划"。为了保证国家的粮食安全，我国实行了严格的保护耕地制度，严格控制农地转用等。但是，正如政府介入一般的资源配置仅仅是为了弥补市场的缺陷而不是取代市场的决定性作用，政府的土地利用规划和用途管制也仅仅是为了保证公共利益的实现，对土地市场配置产生的负的外部性加以限制，对正的外部性给予补偿，而绝不是或不应该从根本上取代市场在土地资源配置中的决定性作用。

以国家粮食安全为例，改革开放前，在中央集权的计划经济体制下，国家对农产品实行统购统销，粮食产量常年徘徊不前，农副产品的供应长期处于短缺状态。改革开放以后，随着农村家庭承包制的实行和社会主义市场经济体制的确立，国家取消了粮食统购统销，粮食产量很快达到了历史最高水平，近10年又实现了"十连增"，这无疑是市场在粮食生产以及相应的农地资源配置中发挥了决定性作用的结果。

再以《国家新型城镇化规划（2014—2020年）》为例。卡内基国际和平基金会高级研究员黄育川认为：该《规划》的缺陷源自一个貌似合理的规定："严格控制"特大城市规模，引导劳动力向中小型城市迁移。这一限制不仅违反了去年11月中共十八届三中全会的核心精神——让市场（而非政府）在资源配置中起"决定性作用"，还会加大中国实现其急需的生产率增长的难度（黄育川，2014）。而印度计划委员会委员阿伦·玛里亚（Arun Maria）则认为："当你让民众参与到政策的过程中，关注他们的需求，你就知道应该做什么了，而且政府受民众欢迎度也提高了。土地规划要像美国一样，有工程师的思维，土地用来做什么，需要多大的面积，都要基于民众的需求，公众才是城市规划的开始和结束。"底层的需求是城市规划的开始，好的城市规划是公众参与出来的。只有当中国政府的决策者们改变了自上而下的

思维，用自下而上的民主参与方式来做城市规划决策，中国的城镇化才是"人的城镇化"。①

二、市场在城市人口分布中的决定性作用

（一）计划（行政）控制阻碍了城市化进程

1. 城市化水平和速率偏低

根据联合国经济和社会事务部 2018 年发布的统计结果，2017 年世界平均城市化率为 54.8%，高收入国家平均城市化率为 81.3%，中等收入国家平均城市化率为 52%②。目前我国常住人口城镇化率为 58.52%，高于全球平均水平，但低于美国 82.1%、德国 77.3%、日本 91.5%、俄罗斯 74.3%、巴西 86.3%、南非 65.9% 的水平。③

从城市化速率来看，如果从 1949 年开始算起，到 2017 年，我国的城市化率平均每年仅提高约 0.7 个百分点，这样的城镇化速率无疑是非常低的。其中，1949~1978 年中国的城市化率只从 10.64% 提高到 17.92%，30 年间年均仅提高 0.24 个百分点。即使考察 1982~2017 年我国经济高速增长的同时也是城市化水平快速提高的 36 年间的城市化速率，每年提高也只有 1.02 个百分点，仍低于日本、韩国、中国台湾等国家和地区相似历史时期的城市化速率。战后日本 1940~1970 年，城市化率由 37.7% 提高到 72.1%，30 年间城市化率年均提高 1.15 个百分点。韩国经济起飞在 20 世纪 60 年代开始，1970~1985 年，韩国城市化水平从 41.2% 上升到了 65.4%，也就是说，韩国 15 年间，城市化水平提高了 24.2 个百分点，年均提高 1.61 个百分点。中国台湾地区在经济起飞期间，城市化水平从 1960 年的 50.2% 上升到

---

① 转引自英国《金融时报》中文网言论及公共政策编辑霍默静《好的城市规划是公众参与出来的》，http://www.ftchinese.com/story/001055714? full = y。

② 根据收入水平的分类基于世界银行 2016 年人均国民收入数据。

③ 该数据为联合国 *Urban Population Prospects* 2018 *Revision* 中各国 2017 年城市化水平数据。

1985 年的 78.3%，25 年中提高了 28.1 个百分点，年均提高 1.13 个百分点。

由此可以看到，我国的城镇化并不是水平高了，而是低了，并不是快了，而是慢了。

2. 户籍人口城镇化率远低于常住人口城镇化率，城市化率远远低于城镇化率

我国 2017 年虽然常住人口城镇化率已达到 58.52%，但户籍人口城镇化率只有 42.35%，二者之间的差额即非户籍常住人口就是总数为 2.25 亿的农民工及其家属！

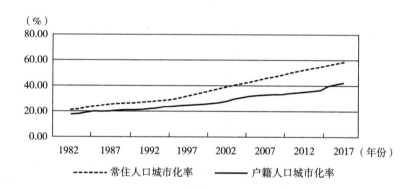

图1　以常住人口比重及户籍人口比重计算的人口城市化率

资料来源：国家统计局，《中国统计年鉴》《中国人口和就业统计年鉴》。

不仅如此，由于片面推行优先发展小城镇、鼓励农民离土不离乡就近城镇化的政策，58.52% 的城镇常住人口中还包含着 1.54 亿居住在县城和 1.94 亿居住在其他建制镇的镇民。显然，以城市人口计算的城市化率会大大低于以城镇人口计算的城镇化率。如果从城镇化率里面扣除 3.48 亿镇民，我们的城市化率只有 32%，若仅扣除非城关镇的建制镇人口，城市化率也只达到 44%。

如果我们以城镇户籍人口的市民化程度为 1，则根据 2016 年的相

关数据测算，当年非户籍城镇常住人口在就业、居住、社会保障、子女教育、公民权利等方面综合起来的市民化程度大概只有 0.75，再把其中 3.48 亿镇民按一定比例折算为市民，则 2017 年我国的真实城市化率也不过 40% 左右。

3. 半城市化导致的经济社会问题

由于 2 亿多农民工进城不能落户，迁徙不能定居，以至于在城市出现了 3600 万流动儿童，而在农村出现了 6100 万留守儿童、5000 万留守妇女和 5000 万留守老人。

2018 年我国农民工数量已经达到 2.86 亿人，其中 60% 是外出农民工，每年一度的"春运"压力也在不断增大。以近 10 年为例，2004 年"春运"人数为 18.9 亿人次，随后历年递增。2014 年"春运"人数达历史高峰 36.2 亿人次；2015 年春运落幕，全国共发送旅客 28.09 亿人次，2016 年春运全国旅客发送量达到 29.1 亿人次，2017 年和 2018 年为 29.7 亿人次。

4. 城市化速率在放慢

与此同时，分 5 年的时段看，如图 2 所示，1996～2000 年的 5 年期间，是我国城镇化快速发展的时期，年均提高 1.436 个百分点，但此后城镇化增速总体呈下滑趋势，至 2016～2017 年，年均增速已经降至 1.210 个百分点。这显然与大城市（特别是特大超大城市）利用计划行政手段人为地控制人口规模、抬高农民工进城落户门槛直接相关。

（二）人口向大城市积聚是客观经济规律

1. 从国际国内经验看，人口向大城市集聚是普遍规律

在美国，1950～2010 年，500 万人以上的都会区人口占全国人口比重从 12.2% 增至 24.6%，增加 12.4 个百分点；特别是在 1970～2010 年，500 万人以上都会区人口比重增加 9.4 个百分点。在日本，人口长期向东京、大阪、名古屋三大都市圈集聚。1884～1973 年，东京圈人口占比从 10.8% 增至 23.9%，大阪圈人口占比从 10.5% 增至

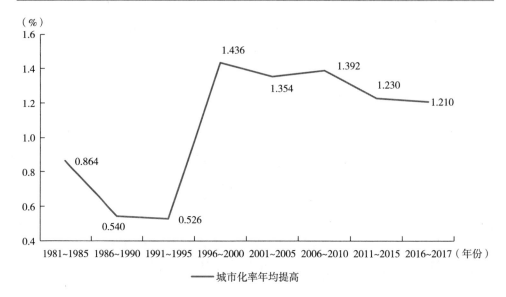

图2　各时期我国城镇化率年均增速

资料来源：国家统计局及作者计算。

15.0%，名古屋圈人口占比从8.3%增至8.4%；之后，日本人口迁移从向"三极"集中转为向"一极"集中，2014年东京圈人口占比达28.3%。在韩国，首尔圈人口占比从1955年的18.3%增至2015年的49.1%。表1描述了1950～2010年世界不同人口规模城市的人口变化，从中可以看到，近60年中，世界城市人口的增加，主要是由100万人口以上的大城市所做的贡献。

表1　1950～2015年全球不同规模城市人口占总人口比重　　单位:%

都会区规模	1950 年	1970 年	1990 年	2010 年	2015 年
5 万～25 万人	8.7	8.4	8.7	9.2	9.0
25 万～100 万人	17.9	19.9	18.7	21.3	20.7
100 万～500 万人	17.3	25.5	28.9	29.8	30.8
500 万人以上	12.2	15.2	21.2	24.8	25.1
都会区人口占比	56.1	69.0	77.5	85.0	85.6

资料来源：美国人口普查局。

我国近30年来，100万以上人口的城市，无论是从个数上还是人数上看，其增长速度都快于中小城市（见表2）。近5年35个主要城市（一、二线城市）共流入3778万人，其中75%流入三大都市圈的8个大城市和五大枢纽城市（郑州、成都、重庆、武汉、厦门），三线及以下的城市已经进入人口萎缩阶段。

表2 1982～2016年我国按市辖区人口分规模城市个数及人口占全国比重

单位：个,%

按市辖区人口分规模	1982年		2000年		2010年		2016年	
	个数	人口占比	个数	人口占比	个数	人口占比	个数	人口占比
1000万人以上	0	0.0	2	2.1	6	6.7	8	8.5
500万~1000万人	3	1.7	7	4.2	10	5.3	11	5.5
300万~500万人	3	1.0	7	2.0	21	5.5	23	6.3
100万~300万人	30	4.5	77	9.8	99	11.1	126	14.2
50万~100万人	32	2.2	105	6.1	103	5.6	91	4.8
50万人以下	44	1.5	64	1.9	48	1.4	37	0.9
合计	112	10.9	262	26.3	287	35.6	296	40.3

资料来源：国家统计局人口普查资料，各地方统计局。2016年城市个数296个不含三沙市。

联合国预测世界人口2010～2020年增速最快的20座城市中，有10个是中国的城市，依次排列为：苏州市（1；人口525万，增速为5.57%）；广州市（2；人口达到2060万，增速为4.66%）；北京（7；2110万常住人口，年增速在4.1%）；杭州（8；728万的人口，增速4.10%）；泉州（9；671万人口，3.68%的人口增速）；成都（12）；南京（13）；上海（17）；重庆（20）；天津（19）。这些都是人口超过500万的特大和超大城市。

2. 优先发展大城市的理由

从减少耕地占用来看：农村居民点—建制镇—小城市（含县

城）—中等城市—大城市—特大城市—超大城市，其人均占地面积（平方米），依次递减为 237、203、130、125、118、113、99。

从城市控制污染能力来看：大城市在创造同量 GDP 的条件下，其污染物排放量远远低于中小城市。2014 年 500 万人以上城市的一般工业固体废物产生量占全国比例不到 5%，明显低于其城区常住人口占比 7.4%。

从就业来看，大城市远比中小微城市能够为农村转移人口提供更多的就业机会，大城市更容易养活穷人。

从经济效率看，大城市更具生产率优势，优先发展大城市更有利于参与国际竞争。从中观层次看，国际竞争实质上是区域和城市竞争，美日英法等大多数发达经济体最具竞争力的区域均为其大城市。大城市的生产率优势一方面来自人力资本、知识资本等生产要素高度集聚所产生的集聚效应（Harris，1954；王小鲁、夏小林，1999；Au and Henderson，2006；王垚等，2017），另一方面来自低效率企业在市场竞争中退出大城市，使得大城市中存活下来的企业具有更高的生产率，即所谓的选择效应（Baldwin and Okubo，2006；Melo et al.，2009；Combes et al.，2012）。从 2016 年看，市辖区常住人口 1000 万人以上的人均经济产出高达 11.7 万元，是 100 万人以下城市 5.3 万元的 2.2 倍，是 100 万~300 万人城市的 1.8 倍。

（三）应取消对大城市人口规模的计划控制

1. 我国的特大超大城市不是多了而是少了

按照国务院的最新标准，2015 年我国城区常住人口 1000 万以上的超大城市只有 4 个，500 万~1000 万人的特大城市只有 8 个，100 万~500 万人以上的大城市只有 71 个，50 万~100 万人的中等城市 106 个，50 万人以下的小城市 464 个。此外，还有平均人口不足 10 万人的县城约 1600 个，平均人口仅 1.1 万人的镇区约 2 万个。

2. 我国的超大城市仍有发展空间

从人口规模看：上海以 2415 万人位居全球第三，居东京都市区（3593 万人）、首尔都市区（2495 万人）之后；北京都市区（1980 万人）位居全球第六，中间还隔着孟买都市区（2280 万人）、墨西哥城都市区（2040 万人）。

从人口密度看：上海（3535 人/平方公里）、北京都市区（2583 人/平方公里）分别位居（全球）第五、第六位。居于前四的分别是首尔都市区（5339 人/平方公里）、孟买都市区（5235 人/平方公里）、东京都市区（4181 人/平方公里）、墨西哥城都市区（4000 人/平方公里）。

从人均 GDP 来看：中央政府对北京市的功能定位是"全国政治中心、文化中心、国际交往中心、科技创新中心"，建设目标是至 2050 年进入世界城市行列；上海提出至 2040 年建成"迈向卓越的全球城市，国际经济、金融、贸易、航运、科技创新中心和文化大都市"。从人均 GDP 看，北京都市区仅相当于首尔都市区的 58%、东京都市区的 44%、伦敦都市区的 34%、巴黎都市区的 30%、纽约都市区的 25%——纽约都市区的经济份额占 GDP 的 7.9%，上海市为 3.7%，北京都市区仅为 3.3%。

从总体来看：北京市的常住人口密度并不高，问题在于人口分布过度集中。北京市五环内面积为 668 平方公里，2014 年常住人口为 1054 万，人口密度为 15774 人/平方公里。

东京圈核心区域（东京都 23 区）土地面积为 627 平方公里，2015 年人口 910 万，人口密度为 14525 人/平方公里。

当前北京五环内人口密度已经超过了东京都 23 区的人口密度峰值。人口分布过度集中往往会带来交通拥堵、环境污染、住房拥挤等问题，降低居民的生活质量。

按照东京圈和首尔圈的经验，北京市土地资源能承载 3000 万以上人口。

目前，东京圈土地面积为 13558 平方公里，人口超过 3500 万，人口密度为 2633 人/平方公里；首尔圈土地面积为 11818 平方公里，人口超过 2300 万，人口密度为 2017 人/平方公里。

考虑到地形的差异，我们把北京市人口密度按 2000 人/平方公里计算，北京市可承载 3280 万人。

3. 不能人为限制特大和超大城市人口规模

根据日本总务部于 2016 年 2 月 26 日发布的数据显示，日本总人口比上一次（2010 年）调查时减少了 94 万 7000 人，但东京圈人口却达到 3613 万人，在 5 年里增加 51 万人，日本政府并没有人为限制东京圈人口总量。

北京市人口总体规划曾被定为"到 2020 年控制在 1800 万"。但到 2010 年的"六普"，全市常住人口已达 1961 万，提前 10 年完成了总体规划目标。2013 年末，全市常住人口 2114.8 万人。从 2000 年至今，北京市每年平均新增常住人口 60 万人，相当于一个中等县级市。但最近 3 年常住人口增速持续下降。2015 年末北京常住人口为 2170.5 万人，其中常住外来人口 822.6 万人。上海市 2015 年城市常住人口减少 10.41 万人。

从根本上说，城市化是一个国家的整体概念，像北、上、广、深、津这样的超大城市，借助于优质丰富文化、教育、医疗资源和完善的城市基础设施，应该吸纳更多的外来人口，为国家整体的城市化水平的提高做出应有的贡献，而不能满足于自身城市化率的提高，人为地限制外来人口的进入。

三、市场在土地资源配置中的决定性作用

（一）计划（规划）配置土地资源的弊端

（1）取消了集体土地的建设用地使用权，禁止集体土地进入建设用地市场，造成集体土地与国有土地产权制度不平等，使集体土地不能参

与工业化、城市化建设，分享工业化、城市化利益，损害农民权益。

（2）农村宅基地没有处分权，不能流动，造成大量"空心村"，土地闲置；农民工不能市民化，在城里挣了钱还要回村建房，使村庄用地不减反增。

（3）地方政府按原农业用途产值低价征收集体土地，拿走了几乎全部土地增值收益（2003～2012年总计约7万亿元），造成60%失地农民贫困化。

（4）强征强拆造成严重的官民矛盾和社会冲突。

（5）"土地财政"激发了地方政府投资热、借债热、开发区热，造成几十座空城、鬼城，滋长了权力寻租、权钱交易、土地腐败。

（6）下达的建设用地指标与地方实际需求脱节，不是使项目难以上马，便是制造违法用地，降低资源配置效率。

（7）1/3的建设用地指标给地方划拨使用，不需缴出让金，助长地方政府大厦、大马路、大广场、大学城等形象工程建设，浪费土地。

（8）地方政府为争夺项目，廉价出让工业用地，对房地产用地则限量供应、招拍挂出让。这种贱卖工业用地、贵卖房地产用地的结果，使过多的土地配置给了工业，造成工业用地粗放利用；而房地产行业则用地紧缺，地价房价高涨，农民工和城镇低收入居民住不起房，阻碍人口城市化进程。

由此我们就不难理解政府对房价为什么十年九调却越调越高了。据全球最大的城市数据库网站 NUMBEO 公布的数据（见表3），2016年上半年全球225个大城市房价收入比排名前十的城市中，（中国）大陆地区占了四个：深圳以38.36位居第一；北京以33.32位居第五；上海以30.91位居第六；广州以25.85位居第十。此外，美国经济咨询公司 Longview Economics 的一项最新研究显示，目前深圳房价全球第二贵。分析显示，深圳一套典型住宅的价格已达到80万美元左右，房

价收入比为 70 倍。① 中国的房价收入比如此之高，不能不说与多年来计划配置土地资源、扭曲住房用地供求关系直接相关。

表 3　全球 225 个大城市中房价收入比排名前 10（2016 年上半年）

Rank	City	Price to Income Ratio
1	Shenzhen, China	38.36
2	Mumbai, India	37.67
3	Hanoi, Vietnam	35.86
4	Hong Kong, China	34.95
5	Beijing, China	33.32
6	Shanghai, China	30.91
7	London, United Kingdom	30.88
8	Lviv, Ukraine	28.10
9	Kiev, Ukraine	25.96
10	Guangzhou, China	25.85

资料来源：全球最大的城市数据库网站 NUMBEO，https：//www. numbeo. com/property – investment/rankings. jsp。

　　近 10 年来，中央政府连续出台调控政策，旨在把不断飙升的房价降下来，或至少控制住上升的势头，但为什么事与愿违，十年九调却越调越高呢？

　　从根本上说，主要原因是违反了市场机制即经济学最基本的供求定理。如图 3 和图 4 所示，房价和其他商品价格同样遵循着一般均衡价格规律，是由住房供给曲线和需求曲线共同决定的。而政府对住房市场的调控一味地控制需求，由于刚需的存在和政府单方面垄断了城市住宅用地的供给从而抑制了住房的有效供给，自然是房价越调越高（见图 3）。如果打破政府对城市建设用地的单边垄断，允许农村集体

　　① 参见中研网·财经，http：//finance. chinairn. com/News/2016/11/22/155752330. html。

建设用地进入城市建设用地市场，伴随着城市住宅用地供给的增加（见图4），城市房价不仅不会上升，还有可能下降。

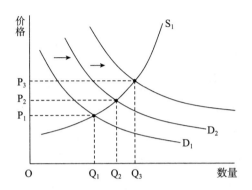

图3　单方面控制需求的结果——房价上升

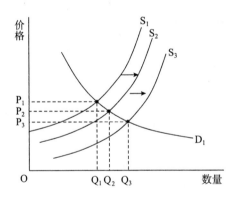

图4　增加供给的结果——房价下降

从土地资源的拟市场化配置来看：从人口自然流动趋势看，2008年以来，我国大量人口实现从中西部向东部的转移，但是，国土资源部每年对东中西部新增建设用地的供给则是逆人口流动的，由原来的70%向东部倾斜到现在反向中西部倾斜。2014年1月10日，全国国土资源工作会议指出：东部三大城市群发展要以盘活土地存量为主，今后将逐步调减东部地区新增建设用地供应，除生活用地外，原则上不

再安排人口 500 万以上特大城市新增建设用地。这种计划配置城市建设用地的做法，导致中西部土地供大于求，造成大量的"空城"；东部的土地则供不应求，房价飙升。这无疑是一二线城市房价泡沫、三四线库存泡沫产生的根源。

从城乡建设用地增减挂钩指标的行政配置来看：贵州省国土资源厅要将国土资源部 2010 年三次共计下达给该省城乡建设用地（含发展改革试点小城镇）"增减挂钩"周转指标 16000 亩，分配给贵阳等 9个地级市以及所包含的 28 个县（市、区），并要求各市（州、地）安排给每个县的周转指标原则上不得超过 300 亩。这种层层分解逐级下达的周转指标，只能是根据经验和长官意志拍脑门决定的。

表4　城乡建设用地增减挂钩周转指标分配　　　　　单位：亩

市（州、地）	周转指标	备注
贵州	1400	含向厅申请的花溪区 300
遵义	2800	含厅批复的赤水市 300、湄潭县 300 和已向厅申请的凤冈县 300、习永县 300、桐梓县 300、余庆县 300
六盘水	900	含厅批复的钟山区 300、盘县 300
安顺	1100	含厅批复的西秀区 300 和关岭县 300
黔东南	2200	含厅批复的麻江县 300、镇远县 200
黔南	1700	含厅批复的瓮安县 300
黔西南	1500	含厅批复的普安县 300 和已向厅申请的兴仁县 300、安龙县 300
毕节	2100	含厅批复的毕节市 300、纳雍县 300、织金县 300 和已向厅申请的金沙县 300、大方县 300、威宁县 300
铜仁	2300	含厅批复的铜仁市 300、玉屏县 300、江口县 300 和已向厅申请的思南县 300、德江县 300、印江县 300
合计	16000	

（二）深化土地制度改革

一是发挥市场决定作用，优化土地资源配置。中共中央十八届三

中全会指出：经济体制改革的核心是处理好政府与市场的关系，让市场在资源配置中起决定性作用。土地是财富之母，劳动是财富之父，土地和劳动是最基本的两大原始资源，市场在资源配置中的决定性作用，首先应在土地和人口资源配置中体现出来。要让市场决定土地资源的配置，就要构建城乡统一的集体建设用地市场，淡化行政配置资源的色彩。建议国土部门遵循市场规律和人口流向，使新增城镇建设用地的供给更多地向特大超大城市倾斜，从而优化我国的城乡人口与土地的空间配置。

二是坚持公益性征地原则，缩小征地范围。《中华人民共和国宪法》第十条明确规定，国家为了公共利益的需要，可以依照法律规定对土地实行征收或者征用并给予补偿。"公共利益的需要"仅仅是征收或征用农村集体土地的必要条件而不是充分条件。但事实上，这40年来，地方政府无论是公共利益的需要，还是非公共利益的需要，一律都采取征收的办法，把集体土地变成国有土地。其中绝大部分用于非公共利益的需要。因此，下一步的改革要严格履行宪法，坚持公益性征地原则。同时，即使是出于公共利益的需要必须征收农村集体的土地，也必须对被征地农民或集体给予公平、合理的补偿，不能因为"公共利益"就让农民做出牺牲。此外，公共利益的范围不宜过宽。

三是放宽对农地入市的限制，构建城乡统一的建设用地市场。从我国城乡建设用地的构成看，2017年，我国城镇用地9.6344万平方公里，而村庄用地19.327万平方公里，农村集体建设用地是城镇的2倍之多，而城市常住人口已经超过58%。这就意味着农村大量的建设用地是闲置的、浪费的、无效使用的。在村庄建设用地中，存量集体经营性建设用地只有2.8万平方公里，仅占农村集体建设用地的14.5%，且基本上都已投入使用，仅靠这部分土地入市不足以形成城乡统一的建设用地市场以缓解城市建设用地供求矛盾；而农村宅基地则占集体建设用地的70%以上。随着越来越多的农村人口向城市转移，农村宅

基地将大量闲置。所以，把超过农民自住需要的宅基地动态调整为经营性建设用地进入市场，将大大增加城市建设用地供给，有助于缓解房价上涨的压力。

四是赋予农民宅基地完整的用益物权，扩大农民获取财产收益的渠道。虽然《物权法》首先在第117条对用益物权的权能下了一般定义："用益物权人对他人所有的不动产或者动产，依法享有占有、使用和收益的权利"，但尔后对建设用地使用权和宅基地使用权的用益物权能却做了不同的规定。实际上，《物权法》所谓的建设用地使用权仅是指国有建设用地使用权，这种使用权具有前述用益物权的一般属性，并且可以转让、互换、出资、赠予或者抵押，而《物权法》所谓的宅基地使用权不同于"住宅建设用地使用权"，后者作为国有建设用地的一个亚种，拥有前述用益物权的一切权能，而前者作为农村集体所有的宅基地使用权，其使用权人只对集体所有的土地享有占有和使用的权利，没有收益权，更不可以转让、互换、出资、赠予或者抵押。所以，在下一步改革中，要赋予农村宅基地完整的用益物权，允许农民的宅基地出租、转让、抵押，扩大农村居民获取财产收入的渠道。

五是允许增减挂钩指标跨村际省际交易，在全国范围内实现城乡建设用地的有效配置。城镇建设用地的不足，可以通过将整治节余的农村建设用地以指标的方式转移到城镇使用。在市场经济体制下，不同地区的土地价值差异较大，偏远地区的宅基地可以复垦为农地，而城市周边的土地价值较高，可以转换成建设用地。这样，偏远地方的农民把宅基地指标卖给城市周边农民，而城市周边的农民则按照规划直接把土地变成建设用地，双方均可以在交换中获益，原来的土地出让金也能够实现重新分配。此外，还要建立增减挂钩指标跨省交易的全国统一市场，允许增减挂钩指标在不同村集体之间进行交易。

六是消除农地规模经营的制度性障碍，加快农业转移人口的市民化。要探索建立进城农民承包地、宅基地有偿转让和退出机制，政府

不能强迫进城落户农民放弃农地承包权。此外，政府也不应限制农民土地承包权的流转。随着越来越多的农民进城务工落户和迁徙定居，传统的村落有的兴盛，有的衰亡，彼此之间的合并重组已经不可避免，由此必然要求农地承包权的流转跨越原集体经济组织的界限，甚至不同村落的集体土地所有权也难免会发生相应的转移和重组。农地制度的安排应该顺应这一城乡关系变革和农村传统社会变革的历史潮流，而不能成为阻碍这场变革的桎梏。要扩大承包经营流转范围，把农村集体经济组织建设成产权明晰、自主经营、开放竞争的市场经济主体。要消除阻碍工商资本下乡的障碍，实现城乡之间资源的双向流动，实现农户土地规模经营，为农业现代化创造条件。

　　七是土地修法的顶层设计要上下一致，消除各项法律规章之间的矛盾。我国《宪法》有关土地所有制和征地制度的规定存在着二律背反。一方面，《宪法》规定城市的土地归国家所有，农村的土地归农民集体所有，这就意味着凡是城市化和工业化新增的土地需求，无论是公共利益的需要，还是非公共利益的需要，都必须通过国家的征地行为来满足；而另一方面，《宪法》又强调，国家只有出于公共利益的需要，才能对农地实行征收或征用。很明显，要满足前一种要求，就会违反后一种规定；而要坚持后一种规定，又不能满足前一种要求。因此，要消除上述二律背反，首先要修宪或释宪：所谓城市的土地实行国有，仅仅是就 1982 年宪法公布时城市存量土地而言的；此后城市建设需要占用农村土地，只有公益性用地才能征收为国有土地，非公益性用地可以通过市场使用集体土地。其次，要修改《城市房地产管理法》《物权法》和《担保法》的相关条款，赋予农村宅基地使用权完整的用益物权权能，允许农村宅基地使用权出租、抵押、担保、继承和转让。此外，修改《农地承包法》，赋予农地承包权自由流转的权能。最后，取消国务院及有关部门对城镇居民购买农村住宅或租地建房的规定，以此促进城乡要素互动、城乡融合发展。

（三）消除对三条底线的担忧

2014年12月31日，中共中央办公厅、国务院办公厅印发的《关于农村土地征收、集体经营性建设用地入市、宅基地制度改革试点工作的意见》指出，土地制度改革要坚持土地公有制性质不改变、耕地红线不突破、农民利益不受损三条底线，在试点基础上有序推进。

1. 关于土地公有制

迄今为止所有涉及土地的改革，无一不是在《宪法》规定的土地公有制前提下进行的，任何改革都丝毫不会改变土地公有制性质，这是根本不必担忧的。

2. 关于耕地红线

目前在农村推行的土地确权、登记、颁证和承包地三权分置以及农地流转，都仅限于农用地范围，从2015年2月在33个县市区开展的"三块地"改革试点，是以优化城乡存量建设用地配置为宗旨的。农村存量集体建设用地近19万平方公里，以其中1/3的闲置或低效配置的土地入市，就可以使城市建设用地增加70%，足以满足相当时期内我国工业化和城市化对建设用地的需求，根本不必占用耕地。不仅如此，合理的土地制度安排和健康的城镇化进程，本质上会减少耕地的占用。

3. 关于农民利益

赋予农民承包经营权和宅基地使用权完整的用益物权，恰恰是对农民根本利益的保护。据国务院发展研究中心某课题组估计，农村127万亿净资产中，土地资产88.81万亿，占了近70%，而宅基地是农村集体建设用地中占比最大、价值最高的部分，允许农村集体经营性建设用地做动态调整，特别是允许宅基地出租、转让、抵押，使农民的土地财产收益得到实现，从而缩小城乡居民的收入差距，加快农业转移人口的市民化，从根本上说是保护和增加了农民的利益。而以保护农民利益为名限制农民宅基地的流转，则堵塞了农民获得财产收入的渠道，实际上损害了农民的利益。

德地立人

　　德地立人，清华大学产业发展与环境治理研究中心执行理事、研究员。曾在日本大和证券工作二十多年，在东京、纽约、香港、北京、新加坡市等地负责投资银行业务。于 2002 年加盟中信证券股份有限公司，直到 2015 年末，任董事总经理、投资银行委员会主席、中信证券国际董事长等职。在任期间，主要负责五大银行、大型国有企业以及多家民营企业的改组上市、发行债券、国内外并购等工作。

日本大都市圈发展对中国的启示

德地立人

　　很高兴今天能参加第三届野三坡中国经济论坛，今天我讲的题目是"日本大都市圈发展对中国的启示"。

　　我讲的内容主要包括以下三方面：第一是日本城市化的经验。第二是日本城市化的教训，这个教训很重要，日本走的弯路中国可以避免。第三是简单提示一下，我认为中国城镇化中出现的一些问题。

　　第一，日本城市化的经验。这是东京大都市圈地图。大家知道东京大都市圈是以江户时代江户城为一个核心，扩展到周边的卫星城，再扩展到广域的城镇区域，覆盖了整个关东地区。关东地区聚集了日本30%以上4000多万人口。东京核心区和关东广域地区间，通过各种交通网络紧密地联系在一起，形成了一个人员、物流、资金、信息相连的，政治、经济、社会全面发展的巨大国际大都会体系。

　　这是日本全国铁道路线图，是1873年明治初期的日本铁道图。日本第一个铁道是在东京新桥站修建的，图上只有一个点，到1900年时已经有了一些胡须，到了1950年，战后不久，这个铁路修得已经不错了，形成了网状。到了1975年时，仅仅25年间，也就是历史上日本经济发展最快的时候，整个网络修得就相当完整了，基本上和现在差不多了，就是说，从1873年到1975年用了大约100年的时间，日本修建了和现在差不多的铁路体系。

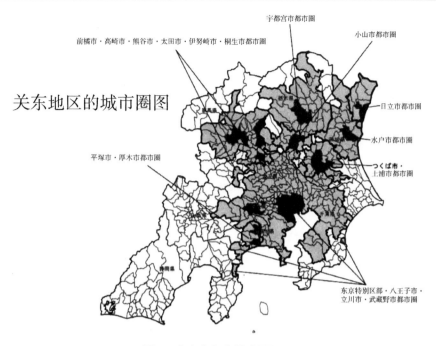

图1 东京大都市圈地图图示

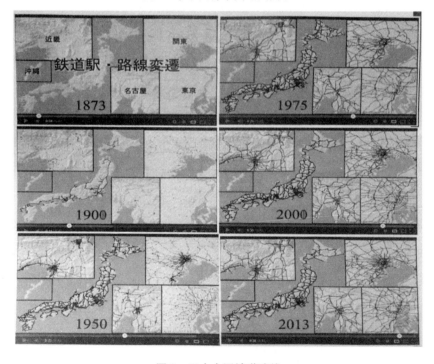

图2 日本全国铁道路线

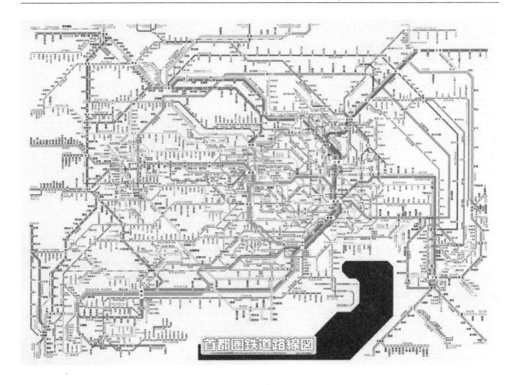

图3　东京铁道路线

　　这是东京铁路路线图。大家知道世界银行和各国政府很重视叫"公共交通导向开发城市"TOD 的概念，目前东京是 TOD 程度最高的一座国际城市。简言之，东京大都市是以历史形成的城市为基础，产业发展带动是以人为本的社会环境，通过市场机制实现的现代化城市。另外，整体日本人口在减少，但是东京的人口还在增长。

　　为什么大都市的人口在不断地增长？为什么人口流向大城市？图4 说明了很大问题，希望大家认真看。从 1955 年到 2005 年，左边的坐标是从农村流进三大都市圈东京、大阪、名古屋地区的人口，从 1955 年到 1970 年，每年都有 40 万～65 万人的人员流入三大城市，但到了 1970 年以后流入人口有急剧的下降。大家知道 1973 年发生了第一次石油危机，但对城市化流入人口没有直接的影响。但 1972 年准备上任

总理的田中角荣写的一本书叫《日本列岛改造论》对日本城市化有直接的影响。"国土均衡发展的政策"就是他担任总理后实施的新政策，之前大城市人口发展非常快，国家的资金主要投资在大城市里，但"国土均衡发展的政策"把资金流向非大城市；"城乡"投资比例从此变得地方大于大城市。到了1976年前后，东京流出的人口大于流入的人口，一度呈现了负数；在1995年至1996年泡沫经济崩溃后也有类似呈现负数的情况。但1975年以后总体平均流入人口为0~10万人，只有一次超过10万人是在1985~1990年的泡沫经济形成时期。

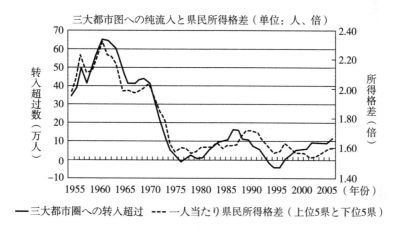

三大都市图への纯流入と县民所得格差（单位：人、倍）

—— 三大都市圈への转入超过　--- 一人当たり县民所得格差（上位5县と下位5县）

图4　地区间收入差距缩小，人口流入速度下降

我们再从另外一个角度来看这个问题，大家今天讲了很多有关全要素生产效率（TFP）的问题，在这里我要讲第一、第二、第三产业转换的过程中提高全要素生产效率的问题。我们看一下图5，这个图显示的是从1950年到2010年，跟前一页显示的年份差不多。第一产业的总人口在1950年时有48.6%，将近50%的农民人口。第二产业人口在1950年时有21%，服务业人口是29.7%，将近30%。到了我们讲的日本经济比较关键的转折时期即1970年初时，农村人口从50%

已经降到了 10% 左右, 也就是说农村人口变成了 1/5, 被谁吸收了呢? 主要是被二产 (21% ~ 35%) 和三产 (30% ~ 55%) 吸收了。

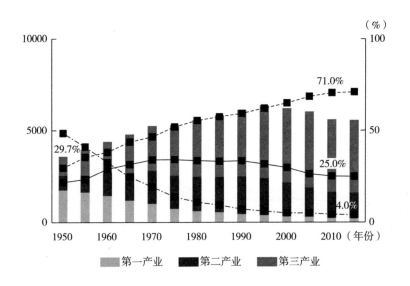

图5　日本第一/第二/第三产业就业人数及其比例的变迁

大家都知道从第一产业即农业到第二产业即向工业人口转换的时候, 换句话来讲, 在城市化的过程中, 是生产率爆发性提高的时候, 加之农村人口现在只有 1/5 了, 如果产出不变, 农村的劳动生产效率还可提高 5 倍! 到了 2005 年, 大家看到服务业人口比例发展到了 71%, 工业人口从 1970 年的 35% 降到了 25%; 农业从 10% 进一步降到了 4% 左右, 也就是说在 1970 以后的转换主要是靠农业和工业人口转到服务业即第三产业实现的。

大家知道, 不是什么样的服务业都会带来高效率。这样我们就知道日本为什么 1950 ~ 1970 年 GDP 增长最快的原因了, 因为恰好在那时日本实现了第一产业至第二产业的转换, 也是城市化从不到 50% 增长到了 80% 以上。另外日本统计显示, 日本大城市里的服务业因为规模效应的关系比中小城市的服务业效率高 1 倍。

我们总结日本城市化过程中的全要素生产要素提高问题可以得出如下这样的结论：①从第一产到第二产的人口转换释放巨大的生产效率；②服务业的内容极为广泛，生产效率高低不能一概而论，一般来说，工业人口转移服务业的效率提高低于第一产业转换第二产业的生产效率；③大城市的服务业生产效率高于中小城市的效率。

总之，我们强调城市化的过程中 TFP 的重要性，除了上述一、二、三产的人口转换以外，重要的是，城市化对提高创新能力的作用。吴敬琏老师讲，"在人员、资金、技术聚集的地方能够产生新的理念和思想，通过彼此的交流和竞争可以产生出技术、盈利模式和制度的创新"。所以如果有了正确思路和措施，现代城市化可以成为中国经济发展极大动力。

城镇化的"弊"在哪里？

大家知道污染、交通堵塞、贫民窟、治安等，这些问题是各国共同的问题。另外非城区农、牧、渔业新的发展和社会生态环境的建设是一个新的挑战。

城市化的过程实际上就是扬利弃弊的过程，一方面不断实现产业自身发展和升级，同时还要不断改善和克服城市化带来的弊端，这就是城市化的一个本质。这里重要的理解是，城市化的顺序首先是企业发展，带来就业扩大，然后推进以人为本的城市化，再加上城乡互动，而不是相反。我们千万不要先有一个土地的城镇化，再有人的城镇化，这个顺序是有问题的。

日本政府起到了什么作用？

日本经验告诉我们，在城市化过程中政府起的作用极其重要，主要包括以下三个方面：

第一是制度和规划的制定。要做城建、基建的规划和资金配套政策。在决定这些较大政策时一般都需要通过国会制定法律，这也是政府主要的职能。但是这里有一个原则，首先对 1.3 亿的国民必须是公

平的，其次必须是综合性的，比如我修地铁或铁路跟城建不搭边就不行，一定要综合搭配。最后是与时俱进。

第二是协调和实施。刚才讲过城市化不管是在经济产业上、人的居住方面或是在建设社会环境上等涉及面非常广，所以不仅需要做政府不同部门的协调，还要做跨地区（东京周边还有七八个比较大的县）的协调，当然还有做政府和民间企业和居民的协调。但是这么庞杂的协调怎么做呢？在这里我想特别介绍一个日本的协调制度。这就是各种政府审议专门委员会，比如与城市化有关的组织之一，叫首都圈建设委员会。在历史上首都圈建设委员会成立过4次，每一次大约存在10年，在不同的历史阶段发挥不同的作用。从20世纪50年代开始，每次制订和实施首都圈建设计划时，由首都圈建设委员会来协调各方意见。这个委员会由总理来牵头，因为只有总理才能协调这么大地区的综合性问题。在该委员会下面还有不同目的的分会，在各层级都聚集了各方面顶尖的专家学者、地方政府和利益团体的代表。各委员会的建议国家必须重视，因为向政府提出的建议不仅要公开并对政府有较大的约束力。假如政府的决定和委员会的建议有较大出入的话，政府在国会中是会被质问的。

第三是执行组织的建立和管理。战后不久，日本成立了日本开发银行、住宅公团、道路公团、住宅金融公库等相关机构，尤其在城市化前期，比如经济房和廉租房的建设等对于缓和大都市居民居住的困难发挥了巨大作用。

我总结一下政府的作用。这里重要的一句话是："在城市化过程中，有效政府可以发挥极大力量，而无效政府越发挥破坏性越大，而市场导向是成功的关键。"2013年，我们请了和泉洋人总理助理到北京讲日本城市化的经验，他原来在国土厅担任过住宅局局长，是城市化问题的第一人。他在会上讲了这么一句话："日本城市化是经济发展伴随的产物，是自发演进的过程，而完善城市建设是对这种总趋势的

追认。如果误判人口迁移的方向和规模，政府主导推进的城市化将造成巨大的社会资源的浪费"，这是在国务院外国专家局的建言里有文字记载（的）。

第二，日本城市化的教训。从 1950 年到 1973 年之间的 GDP 的平均增长率大约是 10%，1974 年至 1991 年降到约 5%，1992 年至 2012 年进一步降到 1%。GDP 下降有各种因素的影响，石油危机、日本泡沫经济崩溃还有"少子老龄化"问题等都可能是原因之一，但是最重要的因素我认为是，1970 年以后，在"国土平衡发展政策"的指引下，政府搞了一个撒芝麻一样的全国基建潮和 1990 年泡沫经济崩溃以后的大兴基建。日本经济学家后来总结证明，这两项全国性大兴基建造成了很多低回报或没有回报的投资，这完全是失败的。

在前面讲过，三大都市圈的人口流入和城乡差距有很大的相关性，同时我们也发现和日本城市化进度和 GDP 增长速度也有很大的相关性：当城乡差距小，城市流入人口就会减少，也就是说城市化进展缓慢，GDP 增长就会下降。城乡差距为什么会减小呢？这就是前面讲的政府对地方大兴基建有关。城乡差距小有什么不对呢？如果它是大城市和地方形成综合性良性发展的结果的话当然很好，但是如果这差距减小是靠长期政府财政投入人为拉动的话，这种发展显然是不可持续的。这里重要的概念是，大家说的全要素生产效率 TFP 的下降。

从 1955 年到 1968 年，整个经济发展平均 10%；其中增加劳动力带来的贡献率是 1.6% 左右（人口红利）；增加资本投资的贡献率是 2.7% 左右；其他部分的 5.7% 就是全要素生产效率的贡献。但是到了 1974～1989 年，GDP 从 10% 降到不到 4%，其中资金增量的贡献 2.1% 左右比过去降了一点点；劳动力增长率因人口红利越来越少贡献率只有 0.3% 左右；而最大的问题是全要素生产率从 5.7% 下降到 1.5% 左右。这和前面讲的，与政府的两个投资错误政策紧密相关。

第三，日本城市化发展对中国的启示。总结日本城市化的三句重

要的话：一是，以人为本的城市化；二是，市场导向的城市化；三是，政府顺市场而为的城市化。

我认为这三句是城市化的最核心原则。我不认为日本按照这个标准都做到了，但是至少按照这个标准来做了规划和总结。日本城市化的实践告诉我们，凡是按照这个原则执行时，城市化进程是比较成功的；而没有按这个原则执行时，结果是无效的，甚至是失败的。

下面我们拿这个标准再来看一看中国城镇化有什么问题。

（1）中小城市同步发展（严格控制特大超大都市圈发展）。

从提高效率的角度来说，我认为中小城市同步发展有很大问题。我只想拿中国国内的例子作比较来思考这个问题。一个是深圳，是一个正面的例子。

第一，通过激烈的自由竞争不断实现产业升级。

第二，深圳自身发展的同时还带动周边城镇发展，周边城镇又从产业链上人的方面扶持深圳发展，形成了良好的循环。

第三，政府很开明，支持产业发展但不干预经营，即使有些企业经营上出现问题一般也不会去救济（鼓励竞争）。

第四，深圳的工作、居住、文化环境建设有序。这样，深圳已成为集电子产品设计、开发、生产、销售于一身的，而且是独一无二的，最有竞争性的国际城市。这是我对它的评价。

另外一个有争论的例子，鄂尔多斯，是一个以大规模城建为导向的模式。这种发展模式让鄂尔多斯出现了一片片的鬼城。城建结束了，其他产业没有跟上来，就业机会也随之减少，经济难以为继。这使我想起1990年以后日本各地在人员稀疏的地方大搞高速公路、高铁等各种昂贵基建、没有回报的工程。日本目前仍苦于GDP两倍以上的公共负债就是这时候形成的。

（2）二元户口制度改革进展缓慢。

城市化是以人口自动流动为前提的，人为地分成城市和农村二元

户口制度是计划经济遗留下来的制度，应该尽早放开；它不仅不符合市场决定人力资源分配的原则，实质上也在严重扭曲以市场为导向的城镇化进程。另外从人权的角度来说也是有问题的。我完全同意王小鲁老师的观点，我认为社会主义国家不能搞二等公民制度。

（3）土地流转问题。

解决土地流转问题，已经讲了很长时间。（党的）十八届三中全会也讲得非常清楚，但是还是解决不了。重庆有用地票解决土地流转的成功例子，但是不能推广，为什么？这不是一个方法问题，而是利益集团之间的利益无法协调的问题，受苦的还是农民。

改革开放前期，在地方政府还没有足够的开发资金时，由政府低价收购农田，优先发展工业是有它的道理的。但到了今天，中国已经进入中等收入国家，开发资金相当富裕时，土地流转问题还得不到解决，不能不说是一个悲剧。

（4）"少子老龄化"，中国城市化时不待人。

大家都知道1990年前后出生的婴儿有3000万人左右，而10年后2000年时降为一半变成1500万～1600万人；16～19岁可到城里打工的年轻农民工前一段时间还有3500万大军，现在只有3000万人。随着城市化的进展，加之新生儿童数继续下降，这个数还会进一步下降。在这样的情况下，大城市把这些年轻人拒之门外，对中国经济发展是一个很大的损失。

大家知道，老龄化的进度之快正在影响着中国大城市的活力，而中小城市的影响将会更严重。我希望中国政府重视起来，健全全国社会保障和福利制度的同时，要尽早纠正扭曲城镇化推进的一切障碍，使中国城镇化成为中国经济发展的真正动力。

谢谢大家！

城镇化、都市圈与城市群

肖金成

大家上午好！我是第二次在论坛上发表演讲，这个机会很难得，因为原定的是党国英教授来讲，我说你又主持又发表演讲，怎么总是你？他说要不你来讲？所以这个演讲的机会是我争来的。

吴敬琏教授倡议研究基本问题，我很赞同。社会上包括学者，对很多概念的认识有很大差异，一定要对基本概念有一个清晰的认识，讨论问题才能深化。我先讲一下城镇化概念，这个概念我觉得误解很多，认识差异也比较大，我认为城镇化的定义非常简单，就是伴随着工业化，农民从农村向城市和城镇转移的自然历史过程。再简单一点，就是四个字："农民进城"。农民进城就是城镇化，而且城镇化和城市化没有区别，这不是两个概念，是一回事。有人就把它当成两个概念，认为城镇化就是发展小城镇，不让农民进入大城市，仅让他进入小城镇、小城市。实际上不是那么回事，从理论上来讲这不是两个概念，是一个概念的两种表述。城镇化概念是从国外传入的，开始译为城市化，后来又译为城镇化。关于概念，不能望文生义。

我们现在的城镇化速度比较快，城镇化水平已比较高。目前城镇化的主要任务是什么？是提高城镇化的质量，这个质量怎么提高？不是把城市建得更漂亮，把楼建得更高，把路修得更宽，而是要推进农

业转移人口市民化，让进城的农民不能总顶着"农民工"的帽子，要让他成为市民，而且要让他全家成为市民。

我国的城镇化还是要推进的，为什么？我们现在城镇化水平58%，我们预测到2030年，城镇化水平要达到70%，那时候我国的城市人口将超过10亿，农村人口要减少到5亿。这是我预测的，我发现学者们在这个问题上还是比较一致的。要实现这个目标，我们还有很多工作要做。

为什么要推进城镇化？为什么要把农村人口搞到城市来？你这不是没事干吗？你不是自我添乱吗？实际上我觉得意义很大。第一，是摆脱严重失调的人口城乡分布格局，就是说，6亿农村人口还是太多了，这个格局对国民经济持续健康发展是一个巨大制约。三农问题，党和国家都很重视，但很难解决，根本问题是什么呢？就是农村人口太多了，农业GDP仅占全国GDP的10%，但农村人口还有40%多。靠农业养活不了那么多人口。第二，城镇化是缩小城乡差距和提高人口素质的重要举措。我觉得这个意义要充分认识到，农民仅靠农业，他的收入一定不会高，我觉得这个问题要认识到。让农民工都回到农村行不行？靠现在的耕地规模，靠农业能让现在七八亿农民致富吗？这一点我们很多人没有认识到，很多人认为回到农村挺好，空气好、物价便宜，房价也便宜，仅物价便宜是不能让农民致富的。如何提高人的素质，我们知道高素质的教师聚集在城市和城镇，你让儿童在农村上学，恐怕这个素质是不容易提高的。现在，连农民都清楚，要让子女受到良好的教育，就得送孩子到城镇上学。第三，城镇化有利于减轻生态脆弱地区的压力。很多生态脆弱地区居住了很多人，不让他砍树，不让他开荒，他没事儿干，所以要想保护生态只有让他转移出来。

我国的城镇化水平速度确实比较快，我给大家报个数字，新中国成立初期，城镇化水平只有10%左右，这个10%左右的比例也不低，

但是生活在城市的人口不到 5000 万。到 1978 年，城镇化水平上升到 17.9%，生活在城市的人口 17000 万，但农村人口仍有 9 亿。2000 年，城镇化水平已达到 36.22%，生活在城市的人口是 4.6 亿，农村人口还有 8 亿。到了 2017 年，城乡人口比例发生反转，城镇化水平 58.52%，生活在城市的人口已达 8 亿，农村人口还有 6 亿。这就是中国城镇化的变化和成就。我们现在城镇化水平已不低，但 2 亿多农民工在城里的生活状态并不好，此外还有 5000 万留守儿童，5000 万留守妇女，还有 1 亿留守老人，这是我们在城镇化进程中遗留下来的问题，这些问题一定要解决，这些问题如果不尽快解决，将会成为一个社会问题。

下一步，这么多的城市人口到底要到哪里去？未来还有很多人要进城，到哪里去呢？我们注意到（党的）十九大报告有这么一句话，"以城市群为主体构建大中小城市和小城镇协调发展的城镇格局"，这句话非常重要。

我认为，未来我国应发挥大城市的辐射带动作用，形成以大都市为核心的都市圈，在都市圈的基础上，加强与相邻城市的分工与合作，逐步形成辐射作用大的城市群，实现大中小城市和小城镇协调发展。在城市群之外，应以区域性中心城市为支持的重点，增强这些城市对产业的集聚能力和人口的吸纳能力，辐射周边地区包括大面积的农村地区的发展。

这里包括两个概念：一个是都市圈，另一个是城市群。都市圈很容易理解，前提是要有大都市，没有大都市就没有都市圈，不要认为二三十万人的城市也可以有个都市圈，那不可能。刚才前一位教授已经讲了日本的都市圈，中国都市圈的概念就是从日本学过来的，都市圈是日本人提出的概念。

都市圈就是以大都市为核心，因为大都市的人口多、规模大、质量高，所以辐射半径就大，根据辐射半径画圆，这个圈域叫都市圈，当然，不可能到现场去画。现在很多人在地图上画圈，想画多大就画

多大，画大一点大家都高兴。我认为不是想画多大就画多大，都市圈的扩大一个是自然的过程。

每一个城市都会对外辐射，随着城市的规模扩大和质量提高，对外辐射的半径也在扩大，规模不大时叫城市圈，城市规模大，就转化为都市圈。如果周边也有规模比较大的城市，城市之间的联系越来越紧密，就发展到了城市群阶段。

首都圈是都市圈的特殊形态，因为北京是首都，北京加上辐射到的周边地区就叫首都经济圈，简称首都圈，一个国家有很多都市圈，但只有一个首都圈。我认为北京的辐射半径有100公里左右，保定及大部分县都是北京的辐射范围，廊坊全域、张家口、承德靠近北京的县，均是北京的辐射范围，不是说与北京接壤就在里面，不接壤就不在里面。

都市圈的理想场景应该是随着城市的辐射，现代服务业在核心城市集聚，制造业扩散至外围地区，核心地区依托外围地区获得持续繁荣，外围地区通过参与分工实现发展，由于核心城市与外围地区的分工使得都市圈均能获得规模经济效益。

现在讲城市群，城市群是都市圈发展到一定程度，其都市圈之外的城市也在发展，周围城市的圈域也在不断扩大，圈和圈连在一起了，就形成了城市群。城市群这个概念也是从国外传入的，城市群不是一群城市。很多人认为城市就是一群城市，数量多了就是城市群，实际上不是。城市群的必要条件一定要有个大都市，有了大都市就有了都市圈，这个都市圈和其他城市圈联系起来，所以就形成了城市群，不是靠城市数量，不是数量多就是城市群。有人提出城镇群的概念，说有好几个城镇就成了城镇群。城市群是一个概念，既然是概念，就有定义，也有内涵和外延。

城市群的定义是什么？所谓城市群是在一个特定的区域内有相当数量不同规模不同类型的城市，有一个以上都市圈，依托便捷的交通

条件，城市之间的联系越来越密切，就形成了一个城市集合体。

根据城市群的概念，我们做了一个测算，中国已经形成了十大城市群，我们发现城市群大都在东部，为什么？我认为是因为中国的地理条件。东部适合人类居住，东部的人口比较密集，人口密集就造成了城市密集，就形成了很多大都市，这就为中国城市群的出现提供了条件。西部很多地区城市规模不大，城市的联系也不强，很难形成城市群。

我们也发现，我国十大城市群的经济总量占全国的比重60%以上，人口的比重仅占30%，这就为我们未来人口的去向提供了依据，也就是未来我国的人口还要向城市群聚集，这样才能实现区域协调发展。

刚才提到的问题，人往哪儿去？人往城市群里去，我国的城市群还有很大的潜力，这是我们研究的结论，也就是说我国的城镇化水平还要提高和推进。农村很多人还要出来，出来了到哪儿去？到城市群里去，我国的城市群还有很大的发展潜力。

很多人说人来了住的地方不够，实际上人住不了多大的地方，人不需要占很大的地方，哪里适合人类居住，哪里就有就业，哪里有收入就到哪里去。很多学者给农民工出主意，说你不要到大城市去，你要到小城镇去，小城镇物价便宜，但是物价便宜收入也低，就业岗位也少，所以哪里有收入，哪里有工作岗位就到哪里去。要按照市场取向，第一要以人为本，第二要有市场取向。不要强制农民工到哪里去，强制也没有用，人有两条腿，他自己会选择地方去。

中国的国情就是我们的国土面积很大，但是适合人类发展的空间并不大，真正适宜人类生存与发展的土地面积只有180万平方公里，不到陆地国土面积的20%。所以要节约用地，作为一个研究国土开发与区域经济的学者，我一直强调，要珍惜土地，要节约用地，不能浪费土地。

　　京津冀城市群是十大城市群之一，北京是一个都市圈，天津也是一个都市圈，未来石家庄也会发展成为一个都市圈。河北的南部崛起一个大都市，京津冀城市群的空间结构才比较合理。此外城市群的各个城市功能分工要明确，才能减少恶性竞争，才能加强合作，才能发展成为世界级城市群。

　　谢谢！请批评指正。

野三坡夜话

主题：野三坡夜话

主讲人：

芬恩·基德兰德：诺贝尔经济学奖获得者

韦　森：复旦大学经济思想与经济史研究所所长

文贯中：美国三一学院经济系荣休教授，上海财经大学高等研究
　　　　院特聘教授

与会听众和提问者：大学教师、学生、企业家、媒体记者等

时间：2018 年 9 月 15 日晚

地点：河北保定野三坡阿尔卡迪亚国际度假酒店一楼百草厅

韦森：今天晚上，我们非常荣幸能邀请到两位教授来跟我们对话。
2017 年论坛我们也有一个对话，其中一位是爱德华·普雷斯科特教
授，他和芬恩·基德兰德教授同时获得了诺贝尔奖，是合作伙伴。今
天能跟基德兰德教授一块儿讨论非常非常荣幸。比较巧的是，2004 年
他获得了诺贝尔奖，2006 年我们有一个对话。

国家政策应该降低不确定性

芬恩·基德兰德： 我的父亲、祖父都是挪威郊区的，是从事农业工作的。

一个人在年轻时代所受的教育非常重要，要重视上大学之前的教育，尤其是高中时期的教育。我在大学对所带的博士生和硕士生经常说的就是，我的数学很好，但是我的数学知识很多都是在高中学的。提醒大家要注意，挪威这个国家的教育系统很有借鉴意义，挪威通过传统的教育系统教授的知识要少一些，更多的是注重实践和对周围事物的接触。

文贯中： 感谢您在农村的生活经历，而且也碰到了很好的数学老师。当您从农村走到城市的时候，您的数学要比他们好。

芬恩·基德兰德： 大学三年级的时候，我发现我的地理知识也比同龄的美国人要好。

文贯中： 感谢您上午发言对中国政界学界的建议。能否把您的主要学术观点总结一下，加深一下我们的印象。

芬恩·基德兰德： 未来需要再做经济政策的时候，我们要考虑一些长期性的、降低不确定性的经济政策，无论是财政政策还是金融政策。现在的政府即使是一些经济很繁荣国家的政府，它的政策延续性也不够强。一个很有意义的长期性的好的经济发展政策，由于一些当下的问题，国家有时候会改变方向，有时候会侧重于短期利益的政策。在过去的 3~4 年里，我经常提到的观点就是，国家政策应该降低不确定性，应该要减少不确定的可能性。

韦森： 我来补充一点。大家要熟悉他的真实周期理论主要的观点，

他认为政府的货币政策，比方说要把降低通货膨胀率作为目标，但是因为政策延续性不一致，结果造成了通货膨胀。

芬恩·基德兰德：关于经济政策制定的长期政策和短期政策，第一是因为现在某些国家和政治家制定了一些，比如说保护本国产业的一些关于贸易的限定性政策，这个在短期看来可能是短期保护，但长期来看是不利于经济的发展。第二是为什么拉丁美洲经济发展不如东亚国家？因为没有建立很好的机制，没有很好的长期政策，没有把改革进行下去。

技术在经济发展中随机漫步

韦森：我问基德兰德教授一个问题。您的商业周期理论改变了贸易经济方向，在您的文章出版之后，所有人都阐释一个意见，您认为商业周期来自需求管理，他们认为是外生攻击导致经济周期。这与您的经济周期不冲突吗？一共是四个周期，有一个长周期是50年，一个是朱格拉周期，还有一个是房地产周期。

芬恩·基德兰德：韦森先生提到一些经济学家的经济周期理论，我不方便来评价。卢卡斯有一篇非常有影响的经济学文章，这篇文章对我产生了重大的影响。2004年我们决定用数学的方式，从宏观经济角度来进行建构，并对经济周期进行研究。我研究了影响商业周期的因素并进行了相关分析，发现只有2/3的商业会受到经济周期的影响，这个不会影响到经济政策的时间一致性。

最后的总结是，好的经营者会影响投资者的决策，而这些决策又同时会让政策失灵，从而让政策制定者修改政策，很可能很好的政策被放弃。

韦森：我补充一点，2017 年我问了爱德华·普雷斯科特教授同一个问题，你的商业周期里面是什么？结果他就没回答。他们两个没有注意到周期。这是西方经济学家的特点，他们不大关注这些。大家都知道本来是常识，他们是用逻辑推理出来的。

文贯中：我在芝加哥大学做访问学者，我自己觉得芝加哥大学对经济史的部分不是很在乎。你提到的东西现在学生不太关心，因为他们认为这些周期没有道理。他们要去找，通过质量模型或者数学模型找到内在的因素，而不是人为想出来的。刚才说金融危机应该每隔十年有一次，后来又在中国加快了，每四年有一次。我看到有一篇文章说每两年有一次，这个有什么关系呢？没有内在的机制。所以我觉得他们要找的是从数学模型里面推出来是什么原因，而不是一个固定的时期。

刚才教授提到的那篇文章非常精彩。那篇文章读了以后，你对经济学的内在缺陷就知道得非常清楚。所以这篇文章如果谁还有什么不清楚的地方，这是一个很好的机会，现场赶紧问教授。因为他对这个文章评价非常高，他认为是最伟大的一篇论文。

我当时也读过，我记得当时有一段内容很精彩。他是说我们看到一组数据，你把曲线画出来有波折，在波折的后面到底是自然因素，还是科技休克，还是政治上的危机，还是人为的错误呢？你都不知道。所以为什么要用简单计量经济学，而不把背后的故事讲清楚，因为解释也是非常有限的，因果关系也不是很清楚。

芬恩·基德兰德：我经常会被问到未来五年全球经济发展是怎么样的，这是难以回答的问题。因为经济发展对商业周期是一个重要的影响力，这个问题有技术的发展，技术的震撼效应是很难用计量经济学的方式来计量的。在未来 5 年里，或者在未来的 10 年里，技术的发展是随机产生的，无法用计量经济学的方式放到模型里来评估计算。

文贯中：我补充一下。教授刚才提到计量技术贡献的方法，这个

方法是这样的，它把每个要素对增长的贡献扣除，剩下的就变成了技术进步。但是这不是一个成功的理论，把所有要素除掉以后就是科技了？有可能有一年风调雨顺、阳光普照，庄稼特别好呢？这跟技术没有关系，这是跟天气有关系。所以收入对科技进步的测量，其实是没有理论的。

芬恩·基德兰德：技术的重要性在经济发展中是随机游走，也叫随机漫步，是指机遇无法捕捉未来的方向。因为技术的发展是没有方向，没有现行规律和意义，这是总结归纳。

日本经济不振的原因是人口严重老龄化

提问：我是德地立人，我的问题是，今天上午的话题有两个比较，第一个是拉美、墨西哥和智利。墨西哥和智利各方面条件比较相同，平均每一个人的收入和 GDP 增长都非常好。我希望了解一下，我相信政策的持续性是比较好的，这个地方我希望您能做一下解释。第二个是亚洲的这三个国家和地区，日本、韩国、中国香港地区，整个的斜线是比较短的，但是唯一日本发展速度比较慢。是不是因为日本政府的政策持续性比较差？我觉得刚才有两点非常重要，一个是国家经济政策需要长期的视野，另一个是持续性。希望您解释一下拉美和亚洲的情况，谢谢！

芬恩·基德兰德：我认为智利和墨西哥应对金融危机和银行企业危机的一个核心就是，是不是有一个运营良好的金融系统。所以我会把这两个国家的经济危机应对比较放在 PPT 里。当一半的智利银行失去流动性的时候，国家就把失去流动性的银行给国有化了，过两三年之后再重新把这些银行私有化。这样的话，政府实际上是通过把失去流动性的银行公有化再私有化的过程，挽救了银行业的危机。而相比较，墨西哥没有这样做，所以墨西哥用了 12 年才从银行业的危机中走出来。

韦森：我现在解释一下，他认为墨西哥和芝加哥发生了一个关系，两个大分流是因为什么呢？大家知道拉美出现稳定以后，国有化银行要上市，然后私有化，导致经济下行。反而在墨西哥是一直保持着国有化，导致了经济不好。在中国，我们都相信国有经济的稳定周期。这个可以作为参考，我今天上午听了以后就很震惊，他提出了非常重大的观点。

芬恩·基德兰德：我在大学给研究生上宏观经济学的时候，经常举这个例子。20 世纪 90 年代，日本为了应对当时的经济危机，发布一系列的经济政策，但是我和学生感觉政策都是很短期的，一到两年的效果不够持续。

我和一位日本经济学家曾经共同写了一篇日本 20 世纪 90 年代的经济危机和大萧条的文章，里面写了日本发展不振的原因。举了一个例子，一个原因可能是年龄。因为从 20 世纪 90 年代起，日本出现大量逐渐变老的人群。不光是日本，美国也会面临这个问题。

在 1950 年，美国有一段生育高峰期被称为"婴儿潮"。如果看当时人口的出生比例图，那时候的生育率极端上升，所以那时候城市人口比较多。等到这些人退休的时候就会出现极端的情况，比如说经济不能再高速发展，比如说人年纪大了就需要政府提供更多的养老医疗等社会补助。所以人口的年龄危机是影响日本表现的经济因素。

提问：我来自河北地质大学。有两个问题，第一个问题是为什么美国会对中国经贸上面加关税？第二个问题是有什么样的经济政策建议？

芬恩·基德兰德：任何贸易保护政策只有短期对经济的刺激作用，对长期经济是不利的。从一个经济学家的角度来说，对任何一个行业

进行贸易保护，比如说对钢铁行业进行关税保护的话，就会让这个行业失去生产性和竞争力，长期来看是不好的。

提问：我来自河北省政府研究室，非常荣幸能听到您上午精彩的演讲。我想问一下，爱尔兰的减税对它12年的发展有很大的好处，具体是怎么减税的，与现在川普所采取的减税政策有什么一致的地方，有什么不一致的地方？

第二个问题，我想请教一下，现在中美贸易摩擦以来，中国股市降低了10%，而美国股市在攀高，想请问一下这是为什么？

芬恩·基德兰德：我先回答第二个问题，美国股票上涨和中国股票下降，资本市场股票上涨不是我的研究领域，所以我无法回答。

第一个问题，我比较了一下爱尔兰的减税和美国政府减税的区别。爱尔兰的政府是一个有公信力的政府，它的政策是有延续性的，尤其是对纳税人来说。爱尔兰政府从现在开始减税，人们认为即使是20年之后这个承诺都是有效的，不会改变税收。但是美国则不一样，美国很难将如此低的税率保持很久。当"婴儿潮"这批人退休的时候，税收可能会提升5%，总体税率可能会提升5%，所以美国低税不会延续很久。如果不采取一些新的政策，比如提高外币汇率的比率等，美国在未来的税务可能会动荡，而不会一直稳定下去。

提问：我来自交通运输科学研究院。我关注的主要是交通部门。我最近也在学习经济方面的政策。我有两个问题，第一个问题是，您作为一个外国的专家学者，肯定也在持续关注中国经济政策问题，您长期关注哪些？第二个问题是，中国的某些方面可能和美国是非常不一样的，比如说体制问题。您觉得20年以后，制约中国经济增长的最主要因素是什么？我们一些学者提出来，可能进行改革会更加促进问题。您作为一个海外学者，怎样看待这个最主要的因素？

芬恩·基德兰德：我经常用别的经济学家做的经济预测来开玩笑，所以我一般不会做一些预测。但是刚才提到的，中国要成长，如果不进一步解放资本市场，增加经营市场资本市场的竞争力度，那么中国经济发展的动力会极大减弱，甚至不用 20 年这一不好的影响就会显现出来了。

　　文贯中：今天来的都是搞学术的老师，我觉得我们搞学术的很快乐。我也满足大家一个要求，和基德兰德先生合影。再次感谢基德兰德先生和韦森先生。

野三坡中国经济论坛简介

野三坡中国经济论坛（The China Economic Forum in Yesanpo）是以世界视野来研究和探讨中国经济问题，推动中国经济市场化改革，促进世界经济繁荣为宗旨的非官方高端思想交流平台。著名经济学家吴敬琏担任论坛名誉主席，国务院发展研究中心原副主任、著名经济学家刘世锦担任论坛主席，保定市人大常委会主任、原市长马誉峰担任论坛执行主席。

野三坡中国经济论坛是一个高端的学术交流平台，是一个国际化的合作平台，是一个着眼于现实问题的，集合了以经济、产业、金融等为主要领域的学术平台。论坛以中国经济"创新、变革、前沿、趋势"为主题，致力于打造"中国的达沃斯"，将其发展成为一个永久性的论坛，一个品牌化的论坛，一个开放性、包容性的论坛。

首届论坛于2016年10月15日举行，以"世界大格局下的中国经济：挑战与对策"为主题。论坛聚焦于中国经济增长的动力与前景、资产负债表的危机与应对、金融创新与结构调整、税收改革与国家能力等当前中国经济的重大问题展开了切实的讨论。

第二届论坛于2017年9月23日举行，以"改革推动力"为主题。论坛聚焦于中国未来发展新动力、国企改革与结构调整、新型城市化和土地制度改革、转型期的金融风险防控、全球民粹主义兴起的原因与对策、大数据时代：重议计划与市场六个议题，26位嘉宾发表了精彩的演讲。

第三届论坛于 2018 年 9 月 15～16 日举行，以"提升城市竞争力"为主题。论坛围绕城市规划与城市发展、城乡协调发展、优化城市营商环境、城乡土地市场一体化、城市化与京津冀一体化、进城与下乡、抢人大战与城市竞争力、城市化路径：都市圈和城镇化八个议题，各位专家学者展开了热烈而卓有成效的讨论。